Claudia Herber • Samstags war Badetag

Claudia Herber

Samstags war Badetag

Kurzgeschichten

Zum Vorlesen
für Menschen mit Anfangsdemenz

FRIELING

Bibliografische Information der Deutschen Nationalbibliothek
Die Deutsche Nationalbibliothek verzeichnet diese Publikation in der Deutschen Nationalbibliografie; detaillierte bibliografische Daten sind im Internet über http://dnb.d-nb.de abrufbar.

Rheinstraße 46, 12161 Berlin
Telefon: 0 30 / 76 69 99-0
www.frieling.de

ISBN 978-3-8280-3342-9
Auch als E-Book erhältlich (ISBN 978-3-8280-3343-6).
1. Auflage 2016
Umschlaggestaltung: Michael Reichmuth
Umschlagfoto: Claudia Herber
Illustrationen: Severin Klisch

Inhalt

Bevor Sie sich an den verschiedenen Geschichten erfreuen dürfen, möchte ich zunächst allen Personen danken, die mich bei diesem Buchprojekt mit wertvollen Hinweisen, Sucharbeiten, Tätigkeiten und Anregungen unterstützt haben.

Ein großes Dankeschön den Bewohnern des Altenheims Margaretenhöhe in Bergisch-Gladbach und Herrn Willi Potthoff, der dort seit 40 Jahren regelmäßig mit ihnen gemeinsam singt. Er ist es auch, der mir seit 2010 in einem Zwei-Monats-Rhythmus die Möglichkeit gibt, viele Texte dieses Buches (zwei pro Veranstaltung) zwischen den Liedern vorzulesen. Ihm und den Bewohnern danke ich für das positive Echo und ihm im Besonderen für die wertvollen Anregungen.

Ebenfalls recht herzlichen Dank möchte ich Herrn Hans Schneiß aussprechen, der mit seiner ausdauernden Sammel-Tätigkeit sowie Renovierungsarbeiten das Heimat-Museum in meinem Geburtsort Irmenach entstehen ließ. Dort können sich Besucher die Dinge anschauen, die in einigen meiner Texte bei der Beschreibung von Ereignissen, manchmal auch als Hauptdarsteller, ihren Einzug gehalten haben. Das Foto für das Umschlagsbild ist in den Räumen des Heimat-Museums aufgenommen worden.

Das führt mich nun zu meiner Schulfreundin und ihrer Familie Bärtges, die die schöne Zink-Badewanne ausfindig gemacht, nach Irmenach gebracht und vor dem Fototermin in liebevoller Kleinarbeit gereinigt und zu neuem Glanz erstrahlen ließen. Simon, der Sohn meiner Schulfreundin, hat sich dankenswerterweise als Fotomodell zur Verfügung gestellt, ohne ihn wäre das Foto wie Sie es nun vorfinden, nicht möglich gewesen.

Dem Frieling-Verlag-Team, der Verlag meines Vertrauens, möchte ich ebenfalls danken und ein großes Lob aussprechen, für die stete Unterstützung in unserer sechsjährigen Zusammenarbeit. Ich freue mich, dass sie auch bei diesem Buchprojekt ihre wertvollen Erfahrungen haben einfließen lassen. Ein großes Lob und Dank möchte ich auch der Graphikerin, Frau Severin Klisch, zukommen lassen, die bereits in meinem ersten Werk „Jedes Jahr fängt ein Jahr neu an" und auch für dieses Buch die Illustrationen auf der Basis ausgewählter Kurzgeschichten erstellt hat.

Nicht zu vergessen, gilt Ihnen, meinen Lesern und Leserinnen, mein Dank für Ihr Interesse an diesem Buch – ich hoffe, es ruft bei Ihnen ebenfalls ein positives Echo hervor. Herzlichen Dank, Ihre Claudia Herber

Samstags war Badetag!

Samstags war Badetag! Jede Woche begann das Baden fast pünktlich nach dem Kaffee gegen 16.00 Uhr. Der Beginn vom Wochenende und Ruhe von der Arbeit! Und jeder freute sich, ob groß oder klein.

Erst die Arbeit, dann das Vergnügen – so lautete das Motto. Die Aufgaben waren stets fest verteilt. Mein Vater und mein Bruder stellten große Eintopfkessel auf den Herd. Meine Mutter heizte den Ofen und legte die Badetücher aufs Ofenrohr. Meine Schwester stapelte die Unterwäsche, die meine Mutter aussuchte, auf dem Sofa im Wohnzimmer. Jeden Samstag wurde für eine Weile die Küche zum Badezimmer.

Zwei Personen trugen immer die Zinkwanne aus dem Keller in die Küche. „Pass auf den Holzkorb auf, der rechts steht", rief mein Vater. „Drück nicht so stark von unten, ich kann nicht so schnell", rief ich ihm zu. War erst der Engpass am letzten Absatz überwunden, hatte das Schieben und Drängen ein Ende. Die Wanne war oben. „Hurra! Geschafft!" Einmal noch die Wanne umdrehen und vorm Spülbecken aufstellen. Letzter Test bevor es losgehen konnte. Kurz anstoßen – gut – die Wanne steht sicher! Links neben dem Spülbecken standen der Putzeimer und der rote Schlauch – zum Einsatz bereit! „Braucht noch jemand etwas von oben?", war oft die Kontroll-Frage, die das Startsignal gab. Dann war es soweit. Das Wasser im Kessel war heiß! Der Ofen noch gut gefüllt. Der rote Schlauch wurde an den Wasserhahn gesteckt. Das kalte Wasser lief dann durch den Schlauch in die Wanne. Gleichzeitig kippte mein Vater oder einer meiner Brüder das heiße Wasser in die Wanne. „Stopp", rief meine Mutter mir zu „kein kaltes Wasser mehr. Erst mal testen." Der Zeigefinger meines Vaters ersetzte das Thermostat. „Noch ein wenig zu heiß." Also ein wenig kaltes Wasser hinzu, Wasserhahn erneut schließen und letzte Kontrolle – perfekt. Doch der Schlauch blieb noch ein wenig im Einsatz. Damit füllte nun mein Vater erneut den geleerten Kessel. Für die dritte Bade-Runde. Die Bade-Runden waren exakt festgelegt. Erste Runde mit meinem Vater als erster - meine Mutter war die Nummer zwei. Zweite

Runde waren mein älterer Bruder und meine ältere Schwester. In der letzten Schicht mein anderer Bruder und zum Schluss ich!

Haarewaschen war ebenfalls Pflicht! Mit Hilfe eines alten Milchtopfes gelang es ganz gut. Oft wurden nicht nur die Haare nass, sondern auch der Fußboden. „Kannst du nicht besser aufpassen!“, ermahnte meine Mutter dann den Übeltäter. Ein Griff zum Putztuch gehörte ebenso zum Badetag wie das Baden selbst.

Die Haare trocknete jeder anders. Mein Vater trocknete seine spärlichen Haare an der Luft. Meine Mutter benutzte Wickler für ihre Locken. Und wir Kinder reichten den Föhn von einem zum anderen.

Zwischen jeder Bade-Runde hieß es – Putzeimer – dein Einsatz, bitte! Eimer für Eimer leerte einer meiner Geschwister die Wanne. Auch ich kam manchmal zum Einsatz. Der Abfluss am Küchen-Becken hatte Groß-Einsatz an diesem Tag. Einmal jedoch hatte ich nur wenig Kraft. Dann passierte es. Der dritte landete – oh Schreck – nicht im Becken, sondern daneben. Platsch – das Wasser ergoss sich über den Fußboden und der Eimer tanzte auf dem Fußboden. Aufwischen, aber schnell! Ein Putztuch allein reichte nicht aus – hier war mehr gefragt – mehr Hilfe, die Unterstützung durch meine Geschwister und ich auch!

Als die Bilder laufen lernten!

Freizeit in den fünfziger Jahren – wenn es die überhaupt gab! Meistens musste die Familie in der knappen Freizeit viele notwendige Dinge erledigen. Bestellen des Gartens, Reparaturen an Haus oder Wohnung, Fahrräder wieder flott machen und vieles mehr. Nach dem gemeinsamen Abendessen in der Küche blieb kaum noch Zeit für etwas anderes. In den langen Sommernächten blieb noch etwas Zeit für einen Spaziergang oder den Plausch mit dem Nachbarn. Ein Dorf bot damals noch wenig Abwechslung.

Doch dann kam die Erfindung – das Kino im eigenen Haus – der Fernseher ist da! Der Wunsch, einen selbst zu besitzen, war bei vielen vorhanden. Auch mein Vater unterschied sich da nicht von den anderen. Mit den finanziellen Mitteln, die er besaß, kaufte er Ende der fünfziger Jahre den ersten Fernseher in unserer Straße. Was für eine Überraschung – doch noch eine größere folgte danach. Die Nachbarschaft klopfte an, wenn es eine interessante Sendung im Fernsehen gab. Besonders beliebt waren die Karneval-Sitzungen.

Am Karnevals-Freitag platzte unser Wohnzimmer am Abend aus allen Nähten. Bereits zwei Stunden bevor die Sendung anfing, räumte meine Mutter das Wohnzimmer auf und stellte Stühle hinzu, wo es noch an Platz fehlte. Wichtig war auch, dass alle Teilnehmer einen Blick auf den Fernseher werfen konnten. So mancher Stuhl wurde öfters hin und her geschoben. Die Gläser für die mitzubringenden Getränke mussten ebenfalls bereitgestellt werden. Für Wein, Bier und Limonade! Chips und Erdnuss-Flips verführten zum Griff in die Schüssel. Wir Kinder mussten an diesen Abenden bereits früh ins Bett – leider, keine Chance dem Fernseh-Ereignis beizuwohnen. Schauen vielleicht nicht, aber hören! Unser Haus war damals sehr klein, das Wohnzimmer war genau unter dem Zimmer, wo ich schlief.

Sobald die Nachbarn alle Platz genommen und der Fernseher eingeschaltet war, wurde ich aktiv. Ganz langsam huschte ich aus dem Bett und über den Schlafzimmer-Boden. Wichtig war es, kein Geräusch zu machen! Das würde sonst meine Mutter auf den Plan rufen. Ich legte meine Ohren auf den Fußboden und versuchte etwas vom Fernseh-Programm zu hören. Nur sehr schwach drangen die Laute an mein Ohr. Also blieb mir nichts anderes übrig, als den nächsten Schritt zu wagen. Ich zog mich über den Fußboden aus dem Schlafzimmer in den Flur bis an die Treppenstufe. Doch meine Hoffnung wurde nicht erfüllt. Hier oben – ein wenig abseits vom Fernseher, konnte ich noch weniger lauschen. Also was tun? Blieb nur noch die Lösung, mich vor die Wohnzimmer-Tür zu stellen. Leise und ganz langsam schritt ich die Treppe hinunter – bemüht, jeden Krach oder Knacks zu vermeiden. Stück für Stück kam ich meinem Ziel näher. Unten angekommen, blieb ich erst mal einen Moment stehen und atmete tief durch. „Puh! Geschafft!“, ging es mir durch den Kopf. Nach einer kurzen Weile schlurfte ich mit meinen Pantoffeln Richtung Wohnzimmer-Tür und blieb direkt davor stehen. Super! Jetzt konnte ich alles deutlich hören. Es wurde geschunkelt, geredet und die Nachbarn sangen manch bekanntes Lied mit. Sie alle saßen gemütlich im warmen Wohnzimmer. Ich jedoch stand draußen – im Flur und somit in der Kälte. Es war ja Winter und unsere Haustür nicht sehr dicht. Durch die Ritzen drang die Kälte hinein. Ich zitterte in meinem Schlafanzug – doch nicht lange! Denn bevor ich mich versah, wurde die Tür von innen aufgerissen. Meine Mutter stand vor mir. Ein Donnerwetter begann – keine Chance für mich. Meine Mutter scheuchte mich die Treppe hinauf und ermahnte mich erneut „Du schläfst jetzt – ich will dich nicht mehr hier unten sehen.“ Geknickt ging ich nach oben, mein Plan war dahin – oder doch nicht? Sollte ich es vielleicht noch einmal versuchen?

Der Sonntagsspaziergang

Sonntag – der besondere Tag der Woche! Als Kind habe ich diesen Tag immer gehasst. Dafür gab es viele Gründe. Sonntags durfte ich als Kind nicht draußen spielen, keine Kleidung tragen wie an den anderen Wochentagen. Nein, es musste etwas Feines sein. Zwischen meinem 3. und 10. Lebensjahr suchte meist meine Mutter das passende für den Tag aus. Mit den Worten: „Dieses Kleid ziehst du heute an – es ist ja warm draußen, aber mach dich nicht schmutzig!", schränkte meine Mutter meine Möglichkeiten für den Tag ein. „Aha", dachte ich im Stillen, kein Spielen draußen, kein Fahrradfahren, kein Klettern auf den Bäumen. Aber der Sonntag-Spaziergang, der fand statt ohne Wenn und Aber, nur wenn es heftig regnete, fiel er aus. Selten fand er vor dem Nachmittagskaffee statt. Auch das hatte Tradition. Meine Eltern ruhten nacheinander auf der Couch im Wohnzimmer. Während meine Mutter mit uns Kindern das Geschirr vom Sonntagsessen spülte und die Küche aufräumte, schlief unser Vater seinen Mittagsschlaf. Danach hatte meine Mutter die Chance, eine Stunde ihre Beine auszustrecken. Gegen 15.30 Uhr spätestens musste der Kaffee gekocht werden. War meine Mutter noch nicht wach, gab es für meinen Vater kein Pardon – er weckte sie. Ein pünktliches Kaffeetrinken war Pflicht. Dabei hatte ich einen weiteren Auftrag zu erfüllen „Claudia, hol den Kuchen aus dem Vorratsschrank im Keller." Ich eilte in unseren Gewölbe-Keller und nahm die Köstlichkeit heraus. Im Sommer waren es meist Erdbeer- oder andere Früchtekuchen. Der Herbst zauberte Pflaumen- und Apfelkuchen hervor. Und in der goldenen Adventszeit war es das Weihnachtsgebäck, das den Tisch zierte.

Oben angekommen, deckte ich den Tisch ein, die Personenanzahl wechselte mit der Anwesenheit meiner Geschwister. Die Tafelrunde konnte beginnen. Bereits kurze Zeit später, wenn die Küche wieder in der gewohnten Reinheit blinkte, brachen wir auf – zu dem allsonntäglichen Spaziergang. Mein Vater legte die Route je nach seiner Lust und Laune fest. Wollte er kurz seinen Bruder sehen, der im Nachbarort seinen Bauernhof hatte, ging es erst durch den Wald und dann hinunter zu unserem Ziel. Auf dem Weg dorthin hatte ich manche Anstrengung durchzustehen. Nicht wegen der Laufgeschwindigkeit – nein!

Einen privaten Unterricht der besonderen Art musste ich überstehen, mit meinem Vater als Lehrer. Mit Fragen über die Natur: „Welcher Baum wächst hier?" – „Schau mal die Früchte am Baum, wie heißen sie?" – „Kennst du alle Getreide-Sorten, die die Bauern hier anbauen?" – die Liste könnte ich beliebig fortsetzen. Mein Vater war strenger als meine Lehrer in der Schule. Wehe, wenn ich Buche mit Eiche verwechselt hatte. „Ich habe dir das doch schon ein paar Mal gezeigt und du weißt es immer noch nicht!", war dann die ungeduldige Antwort meines Vaters. Mehr noch, regelrechter Frust tat sich bei ihm auf, weil ich schon wieder etwas verwechselt oder nicht gewusst hatte. Seine Bemühungen in all den Jahren waren vergebens, so seine Meinung. Dabei war ich doch erst in der letzten Klasse der Grundschule und somit hatten wir einige Pflanzen noch gar nicht erklärt bekommen. Das war kein vernünftiger Grund für meine Unwissenheit, die mein Vater akzeptiert hätte. Vielleicht waren es gerade diese Erfahrungen vom Sonntagsspaziergang, die mich eine geraume Zeit zur Regen-Liebhaberin machten. Regen bedeutete keinen Sonntagsspaziergang und somit auch keine Fragen meines Vaters. Doch so ganz ohne Unterricht konnte auch ein Regen-Sonntag nicht sein. Statt der Natur war dann Politik sein Thema.

Heute liebe ich meine Spaziergänge und nutze jede Möglichkeit dazu. Denn ich muss keine Fragen mehr beantworten. Und wenn ich nun auf meinen Runden bekannte Bäume oder Pflanzen entdecke, muss ich oft an meinen Vater denken. Im Stillen leiste ich ihm Abbitte und bin dankbar für seinen „strengen Unterricht" – kann ich heute doch Buche und Eiche unterscheiden.

Buntes Leben im Dorf

In meiner Kindheit gab es dies noch! Und zwar einmal im Jahr wurde unser Dorf ein Sammelort für viele Fahrleute aus dem In- und Ausland. Viele bunte Zigeunerwagen zierten unseren Marktplatz und verwandelten diesen in bunte Farben.

Als Kind wurde ich immer ermahnt, ja keinen Kontakt mit diesen Menschen zu suchen oder sich an deren Sammelort zu begeben. Warum nur? Diese Menschen lebten ihr Fahrtenleben in bunter Vielfalt – es wurde gesungen unter freiem Himmel und es wurden Geschichten erzählt. Die Worte meiner Eltern konnten mich nicht davon abbringen, mit meinem Fahrrad ihren Zeltplatz zu umrunden und den Menschen bei ihrer Arbeit oder ihren Tätigkeiten zu zuschauen. Was konnte ich alles dort entdecken!

Flechter saßen auf dem Fußboden, auf einer kleinen Decke vor sich die Werkzeuge ausgebreitet. Sie banden in einer fast unerschöpflichen Geduld wunderschöne Körbe, die sie während ihrer Fahrt verkauften. Die Frauen zogen umher, wollten uns die Zukunft aus unserer Hand voraussagen. Oder sie zogen und klopften von Haustür zu Haustür, boten ihre Waren wie handgefertigte Körbe oder bunte Tücher an. Viele von ihnen bemühten sich vergebens – ihnen wurde kein Einlass gewährt. Ich konnte das nie verstehen, denn ich fand diese Lebensweise mehr als aufregend. Seit ich ein Jugendbuch über die Geschichte und Tradition der Roma gelesen hatte, konnte ich diese Besucher noch besser verstehen.

Der Höhepunkt ihres Besuches fand immer am Abend statt. Wenn sich die Familien zum Abendessen trafen. Der Dorfplatz wurde von den Reisenden meist auch als Lagerplatz genutzt. In der Mitte des Platzes zündeten sie ein großes Feuer an, mit Holz, das sie alle unterwegs auf den Wegen eingesammelt hatten. Über dem Feuer wurde ein großer Eisenkessel mit Wasser gehängt, der sich auf drei lange Eisenstangen stützte. In diesem Kessel wurden die Speisen für das Abendessen zubereitet. Die Frauen waren mit dem Kochen beschäftigt, die Männer versorgten die Pferde und die anderen, die keine hausfraulichen Tätigkeiten zu erledigen hatten, gruppierten sich um das Feuer und sangen ihre Lieder zur Unterhaltung aller, oft begleitet von einer Gitarre. Die Dämmerung, die so langsam am Himmel aufzog, tauchte diese unterhaltsame Runde in ein wunderschönes Licht. Der Feuerschein spiegelte sich in den Gesichtern wider, auf vielen Lippen lag ein Lächeln, das mir ihre Freundlichkeit zeigte.

In meiner Kindheit hatte ich oft Glück, denn die Fahrleute kamen während der großen Sommerferien. Gab es von den Eltern die Erlaubnis, noch einmal abends weggehen zu dürfen, eilte ich meistens in die Nähe dieser Gruppe. Ja, Nähe, denn mich sehr nah zu ihnen zu gesellen, war mir ja verboten worden. Mein Herz klopfte, wenn ich mich auf einem Seitenweg an die Gruppe heranschlich. Auf einen etwas größeren Stein gestellt, der auf dem Fußboden lag, konnte ich die Familien sehen. Ich war begeistert von ihren Liedern, die mir mit jedem Windhauch entgegenwehten. Ich staunte, wie gemütlich sie um das Feuer saßen und von ihren Speisen aßen. Friede, gepaart mit Lebensfreude und eine stimmungsvolle Atmosphäre. Das sind die Gäste, die nach meiner Meinung gerne wiederkommen dürfen. Soweit meine Gedanken, als ich gegen 21.00 Uhr langsam den Heimweg antreten musste – da gab es keine Ausnahme. Mit einem letzten, sehnsuchtsvollen Blick auf die Gruppe verband ich oft den Wunsch, dass sie am nächsten Abend auch noch da wären. Jedoch Fahrleute haben ihre eigene Uhr. Als ich am nächsten Morgen zum Platz kam, wo sie gestern Abend noch gegessen und gesungen hatten, war dieser leer und geräumt. Nur ein Häufchen grauer Asche in der Mitte des Platzes hielt meine Erinnerung an den gestrigen Abend wach.

Mensch, ärgere dich nicht!

Der Winter hatte uns früher oft fest im Griff. An manchen Tagen fiel ein wenig Schnee, die Wolken hingen tief und die Stimmung von uns Kindern ebenfalls. „Was sollen wir machen, wenn wir mit unseren Hausaufgaben fertig sind“, überlegten wir oft hin und her. Für Draußen- aktiv- Werden war es zu ungemütlich. Der Schnee war einfach zu nass, um einen Schneemann zu bauen. Wirklich eine schwere Zeit!

Doch die Rettung lag auf unserem Schrank. Mein Bruder Dietmar und ich waren schon seit jeher begeisterte Spieler des Mensch- ärgere- dich-nicht-Spiels. Gerade an solchen Wintertagen, wenn es draußen kalt und drinnen der Ofen warm vor sich hin knisterte, setzten wir uns zusammen.

Das Brett lag bereit auf unserem Ess-Tisch. Mein Bruder Dietmar wählte für sich die Figuren in blau, meine Lieblingsfarbe war rot. Die Figuren wurden auf die vorgesehenen Felder gestellt, jeder bekam einen Würfel dazu und los ging es. Dreimal am Anfang, wenn noch keine Figur auf den Weg gebracht wurde. Dietmar, mein Bruder, würfelte – keine Zahl sechs. Also war ich an der Reihe: erster Wurf – nichts, zweiter Wurf – auch nichts, doch der dritte Wurf gelang – eine sechs. Ich stellte eine Figur auf das Startfeld. Mit dem nächsten Wurf durfte ich dann die Figur um vier Felder nach vorne rücken. Schön, ich hatte einen kleinen Vorsprung. Der wurde beim nächsten Wurf von Dietmar weiter ausgebaut. Schon wieder keine Zahl sechs für ihn. Ich würfelte hingegen eine fünf – meine Figur marschierte munter weiter. Dann war mein Bruder wieder an der Reihe. Endlich – nun konnte auch er seine Figur auf das Start-Feld stellen. Sein blauer Spieler hüpfte danach drei Felder nach vorne. Er hatte genau das Farbenfeld vor mir. Was bedeutete, ich könnte ihn aus dem Feld werfen, wenn ich hoch genug würfeln würde. Innerlich hoffte ich darauf, doch der nächste Wurf zeigte nur eine zwei – ich stand nun auf dem Startfeld meines Bruders. Eine Position, die ungünstiger nicht sein konnte. Und so kam es auch. Mein Bruder Dietmar würfelte die Zahl sechs, nahm seine zweite Figur und schubste mich vom Startfeld. Somit hatte ich wieder vier

Figuren auf dem Eckfeld. Während mein Bruder sich über diesen Erfolg riesig freute, weckte dies in mir den Ehrgeiz und ein wenig Neid. Doch so leicht war ich nicht unterzukriegen. Ich durfte ja wieder dreimal würfeln – wie am Anfang. Wieder ergab der erste Versuch nicht die gewünschte Zahl. Doch mit dem zweiten Versuch wurde ich belohnt. Die Zahl sechs, dann noch einmal und am Schluss noch eine fünf. Besser konnte ein zweiter Start nicht sein. Das Würfeln und auch der gegenseitige Rauswurf gingen munter weiter. Fast am Schluss angekommen, hatte jeder von uns drei Figuren im Ziel. Ich hatte einen Vorteil. Meine Figuren standen ordnungsgemäß hintereinander. Bei Dietmar blockierte eine Figur das freie zweite Feld. Er musste erst die Zahl eins würfeln, um die Figur vorrücken zu können, ehe es für ihn auf die Zielgerade ging. Es wurde erneut spannend. Zum Ziel brauchte ich die Zahl fünf, Dietmar zweimal die Zahl eins. Er würfelte und …… welch ein Glück er doch hatte: Er hatte die erste eins – in seinem Feld war es nun ebenfalls aufgeräumt. Jetzt kam es darauf an, welche Zahl ich vorlegte. Ich warf und blickte mit wachsamer Spannung auf den Würfel – er rollte und … Pech – die Zahl vier. Ich rückte vor – die Spannung wuchs. Wir beide, Dietmar und ich, mussten beide eine Zahl eins würfeln, um zu gewinnen. Wer schaffte den entscheidenden Wurf zuerst? Dietmar spuckte auf seinen Handrücken, um seinem Glück auf die Sprünge zu helfen. Was ich nicht zu glauben wagte, er schaffte es. Die Zahl eins lag vor ihm und mir - er jubelte laut und zog nun den letzten Spieler ins Feld. Ich war ein wenig enttäuscht, aber nicht verärgert. Ich war und bin ein guter Verlierer und wer wagt, gewinnt. Also los ging es – zur nächsten Spielrunde.

Früh gefreit – nie bereut!

Der Wonne-Monat Mai bringt die Gefühle in Wallung. Ein beliebter Hochzeits-Monat. Bauern-Hochzeiten wurden früher ausgiebig gefeiert und mussten wegen der Ernte im Sommer im Mai oder September stattfinden. Früher oder später war nicht so günstig, zwar von der Arbeit her, aber das Wetter. Wie sähe eine Braut im weißen Kleid im Regen oder Schnee aus?

Was heute die Einladungskarte erledigt, war früher eine männliche Post, der auf dem Hunsrück Aufwärter genannt wurde. Sie gingen, mit einer Gäste-Liste von Haus zu Haus und luden die gewünschten Personen höchstpersönlich ein. Diese freudige Botschaft musste natürlich mit einem Glas Wein oder Schnaps belohnt werden. So mancher Aufwärter fand nach etlichen Besuchen nicht mehr den Weg nach Hause. Etwa zur selben Zeit sprach das Brautpaar mit der Chef-Köchin, eine Frau, die für ihre Koch-Qualität bekannt war und die von Hochzeit zu Hochzeit reiste. Das Menü wurde festgelegt und die Helferinnen auch. Es waren die Ehefrauen der Aufwärter und manch ledige Frau – je nachdem wie groß die Hochzeitsgesellschaft war. 200 Personen waren zu meiner Kinderzeit keine Seltenheit.

Gefeiert wurde stets im Dorf-Saal. An dem großen Tag, an einem Samstag im Mai, wurde der Saal geschmückt. Die Frauen der Aufwärter räuberten ihren Garten, stellten kleine Sträuße für die Tische und die Blumenkinder zusammen. Die Aufwärter stellten kleine Birken-Bäume an den Eingang, die mit Bändern geschmückt wurden. Ab 13.00 Uhr trudelten die Gäste ein – eine Viertelstunde vor der Trauung in der Kirche mussten alle im Saal versammelt sein. Da gab es kein Pardon. Die Aufwärter hatten dann die Aufgaben, die Gäste, die zu Fuß vom Saal in die Kirche gingen, ein Weg von gut 300 m, in die richtige Reihenfolge zu bringen. Vor dem Brautpaar gingen die Blumenkinder – im Alter von 3–10 Jahren, danach kam das Brautpaar. Direkt dahinter die Brauteltern, gefolgt von den Eltern des Bräutigams. Im Anschluss daran, Großeltern,

Tanten, Onkel und Nichten, die Schlusslichter bildeten Freunde und gute Bekannte. Dass dieses Groß-Ereignis auch von den Dorfbewohnern bestaunt werden musste, war selbstverständlich. Die einzigen Leidtragenden waren die Autofahrer, die versuchten durch das Dorf an die Mosel zu gelangen und warten mussten, bis der Brautzug vorbei war.

Nach dem Kirchgang ging der Zug in der fast gleichen Reihenfolge zurück in den Saal. Die Feierlichkeiten konnten beginnen, Kaffee und Kuchen standen bereit. Das Brautpaar schnitt die Hochzeitstorte an und wer Glück hatte, konnte ein Stück davon probieren.

Die Zeit bis zum Abendessen wurde unterschiedlich überbrückt. Die Bauern mussten ihre Kühe versorgen. Menschen ohne Landwirtschaft nutzten bei gutem Wetter die Zeit zu einem Spaziergang. Gegen 20.00 Uhr waren alle wieder feierlich gekleidet im Saal zurück. Das Hochzeits-Essen wurde von den Frauen aufgetragen, die sich selbst erst nach getaner Arbeit ebenfalls bedienen durften. Die Aufwärter sorgten für stetigen Nachschub der Getränke. Nach dem üppigen Mahl sorgte eine kleine Musikgruppe für die Unterhaltung und den Hochzeitstanz des Braut-Paares. Dumm nur, wenn der Bräutigam kein guter Tänzer war. Vielleicht verfügte er aber über eine gute Feier-Kondition. Denn die Hochzeiten in unserem Dorf endeten erst am frühen Sonntag-Morgen. Und das hatte auch einen guten Grund. Denn die Gäste, die bis 5.00 Uhr am Sonntag aushielten, waren die „Lumpen", die einen lustigen Zug durch das Dorf machten. Zusammen mit den Aufwärtern, einem Leiterwagen mit Leiter, einer großen Anzahl von Wein- und Schnapsflaschen und mit der Musikkapelle im Schlepptau zog die Gruppe los. Was war denn ihr Ziel? Das Ziel war fast jedes Haus im Dorf. An einem angekommen, wurde die Leiter an die Außenwand des Hauses gestellt, der Aufwärter kletterte mit Glas und Wein hinauf und klopfte ans Fenster oder den Fensterladen. So lange und laut, bis die Schlafenden wach waren und aufmachten. Als Belohnung gab es ein Glas Wein oder stärkeres – je nach Wunsch. Solch ein Lumpenzug setzte dem Hochzeitsfest die Schluss-Krönung auf. Das Hochzeitspaar ist immer noch verheiratet, heute eine Rarität – vielleicht liegt es am Lumpenzug, den es heute nicht mehr gibt.

Schwarzer Mann auf dem Dach!

Jedes Jahr kam er uns besuchen – der schwarze Mann! Nicht schwarz von seiner Gesichtsfarbe her! Nein! Dieser Mann war ganz in schwarz gekleidet, hatte meist noch einen schwarzen Hut auf und trug auf seinem Rücken eine runde Bürste, dessen Draht er sich rund um die Schulter wickelte.

Als Kind habe ich mich immer gefragt, was dieser Mann in unserem Haus wollte. Meine Mutter, die ihm die Tür öffnete, war stets ein klein wenig nervös, warum eigentlich? Später, als ich älter wurde, begriff ich die Aufgabe dieses Mannes und beobachtete mit Spannung seinen Besuch.

Es war mal wieder ein heißer, schwüler Sommer-Nachmittag. An unserer Haustür klopfte es, zu meiner Kinderzeit hatten wir den Luxus einer Klingel noch nicht. Meine Mutter lief zur Tür, öffnete mit dem schweren Tür-Schlüssel und da stand er: der schwarze Mann – der Schornsteinfeger.

„Guten Tag, ich bin hier wegen der jährlichen Kontrolle!“ Kurze Pause, dann fragte er: „Haben Sie einen Handbesen mit Schaufel und einen Eimer für mich?“ – „Ja, natürlich“, meine Mutter eilte in den Keller und holte das gewünschte und stellte es an die Kamin-Öffnung neben dem Küchenherd. In der Zwischenzeit ging der Schornsteinfeger hinauf auf den Speicher und ich folgte ihm. Ich war neugierig, ich wollte wissen, was dieser Mann so machte, der so einfach und doch selbstsicher hier durch unser Haus marschierte. Ich hörte die Treppe knarren, erst von ihm, dann von mir. „Puh, ist das heiß hier.“ Auf dem Dachboden angekommen, spürte ich die Hitze – einem Backofen gleich. Ich schaute mich um, vom schwarzen Mann nichts zu sehen. Nur eine Luke stand offen, ein kleines Fenster auf der einen Seite des Daches. Der Mann würde doch wohl nicht … ?

Doch er war – von unserem Dachboden aus war er durch die Luke auf das Dach gestiegen, um dort seine Kontrolle durchzuführen und natürlich den Kamin zu kehren. Ratsch, Ratsch, Ratsch, hörte ich den Besen durch den Kamin nach unten rauschen und wieder hinauf. Nach gefühlten zwei Minuten war dieses Geräusch vorbei. Ich stand vor dem Kamin und wartete. Nichts geschah weiter, doch hinter mir ein anderer Laut. Ich drehte mich um und sah, wie sich erst das rechte, schwarze Bein auf die Leiter stellte, dann das linke und mit einem kleinen Ruck kurze Zeit darauf auch der komplette Mann. Der schwarze Mann stand wieder auf dem Dachboden – seinen Ausflug auf unser Dach hatte er gut überstanden. Er sah mich, wunderte sich und musste doch mal fragen: „Was machst du denn hier oben?" Wahrheitsgemäß antwortete ich ihm: „Ich wollte mal sehen, was Sie hier auf unserem Dachboden so tun." – „Na, hast du alles gesehen?", fragte er weiter. „Nicht alles!", lautete meine kurze Antwort.

„Na, dann komm mit nach unten." Stolz über diese Einladung, folgte ich ihm bis in unsere Küche und er fand sogar noch die Zeit, mir seine Arbeit zu erklären. „Du weißt ja, dass ich euren Kamin vom Dach gekehrt habe." Ich nickte, schaute gespannt auf seine Hände. „Der ganze Schmutz ist jetzt hier gelandet, den nehme ich nun heraus." Er öffnete die Kamin-Tür und ließ mich kurz hineinschauen. Ich konnte mich nicht zurückhalten: „So viel Dreck war in unserem Kamin?" – „Ja, war ja auch ein ganzes Jahr!" Er schaufelte, er kehrte, füllte den Eimer, schloss den Kamin und kehrte vor der Tür den herausgefallenen Schmutz auf. „So, fertig, siehst du, so einfach geht das und nun habt ihr ein ganzes Jahr Pause, bis ich wiederkomme." Ein ganzes Jahr, wie sollten wir die Zeit ohne diesen Glücksbringer überstehen. So heißt es doch im Volksmund „Der schwarze Mann auf dem Dach bringt dir Glück!" Dann schauen wir mal, was bis nächsten Sommer so alles an Glücklichem passiert.

Eine alte Liebe: Bergische Waffeln und der Kohleherd!

„Alte Liebe rostet nicht“, so lautet das Sprichwort. Ein wenig Rost hat es schon angesetzt, das Waffeleisen aus Eisen, das früher immer genau auf den Ring des Kohleherdes passte und wie! Genau richtig, um das herzustellen, was wir als Kind, aber auch als Erwachsene so lieben: Waffeln! Und im Besonderen die bergischen Waffeln, die mit Kirschkompott und Sahne jeden Kuchen in den Schatten stellten.

Wie schön, wie Waffeleisen und Kohleherd harmonierten. Meine Mutter fertigte die Waffeln immer nach altem Rezept an, sprich keine Waffeln mit Backpulver, sondern mit richtiger Hefe, genauer gesagt einem Hefewürfel. War ein Waffelessen angesetzt, wurde ich aufgefordert, zum Bäcker zu laufen und einen zu kaufen. Quadratisch, praktisch, gut. Der wurde, je nach der Menge, die meine Mutter backen wollte, mit Zucker verrührt und an einem warmen Ort gehengelassen oder zergehengelassen. Später war dies eine breiartige Masse. In der Zwischenzeit rührte sie Mehl, Eier und Milch zu einem Teig, ein Teil davon wurde mit der breiartigen Hefe vermischt und kam dann in den Teig. Kräftig rühren hieß das Motto, aber auch Geduld und Zeit, denn das war ja der erste Streich. Auch der Teig wurde an einen warmen Ort gestellt, wo er zu einer beachtlichen Größe, aber auch Luftigkeit anwachsen konnte. War dieses Stadium erreicht, begann der zweite Streich. Der Kohleofen wurde angeheizt, das Waffeleisen stand daneben und wartete auf seinen Einsatz. Wehe, wenn es Waffeln im Hochsommer gab. Dann hatten wir nicht nur die Hitze von außen, sondern auch von drinnen und das nicht so knapp.

Auf einem kleinen Teller neben dem Herd lag ein Pinsel mit Butter bestrichen, der dafür sorgte, dass die Waffeleisen-Platten stets gut geschmiert waren. Nach einer guten halben Stunde war es soweit. Der Kohleherd öffnete seine Pforte – die Platte direkt über dem brennenden Holz wurde entfernt, das Waffeleisen auf diesen Platz gezogen. Wie gemalt war das Bild. Nun begann der große Test, denn einfach mal fühlen, ob das Eisen die richtige Temperatur hätte, ging ja nicht. Daher war die erste Runde auch meist die Test-Runde und die Essensrunde für uns Kinder. Mit einem großen Suppenlöffel wurde die Portion genau in die Mitte der einen Waffel-Platte platziert. Schwups, schnell die andere Platte darauf und dann mit einem Eisen umdrehen.

Der Teig quoll auf und füllte die komplette Waffel aus – und genau hier lag das Feingefühl der Hausfrau. Hatte sie zu viel auf die Platte gesetzt, lief der Teig über und ins Feuer. War zu wenig gelöffelt worden, gab es eine unschöne Form. Das durfte natürlich keiner Hausfrau passieren und erst recht nicht meiner Mutter. Nach wenigen Minuten wurden die Platten wieder zurückgedreht, blieben nur kurz so über dem Feuer und fertig war sie – die erste Waffel. Auf der Küchenplatte neben dem Kohleherd stand schon das Kirsch-Kompott und im Kühlschrank stand die Schlagsahne. Wie schon erwähnt, erst die zweite Waffel hatte die Form, die jeder suchte und erwartete: Goldbraun gebacken, kaum verbrannte Ausläufer rundherum – da machte es Freude, das Kirschkompott auf die Mitte der Waffel zu streichen und ein Häubchen von Schlagsahne daneben. Fertig war der Nachmittags-Kaffee. Halt, da fehlte doch noch etwas, ja, der gute Bohnenkaffee – der war schon durch den Kaffeefilter gelaufen und mit dem Stellen auf die Herdplatte neben dem Waffeleisen blieb er auch schön warm. Was noch fehlte, waren die Gäste, aber die ließen sich bei einem solchen Ereignis nicht lange bitten. Dann mal guten Appetit.

Wenn es Abend wurde …

…und die Menschen sich auf den Feierabend vorbereiteten, kam sie immer zu ihrem Einsatz. Die Milchkanne! Was heute jeder Mensch im Supermarkt vorfindet, musste ich in meiner Kindheit von unseren Nachbarn holen. Frische Milch. Und wie frisch sie war, davon konnte ich mich jedes Mal selbst überzeugen. Ich ging gerne den kurzen Weg zu Fuß zu den Bauern in unserer Nachbarschaft, die ab 17.00 Uhr Dienst in ihrem Stall taten. Es ging mir ja nicht nur um das einfache Holen der Milch. Nein! Ich wollte mehr. Ich wollte teilnehmen an der abendlichen Arbeit, die davor stattfand. Als erstes mussten die Kühe und die Stiere gefüttert werden. Der Bauer hatte schon frisch gemähtes Gras in den Stall gefahren. Nun galt es mit der Heugabel jedem einzelnen Rind und jeder einzelnen Kuh ihr Futter in den Trog zu füllen. Der Bauer machte es vor und ich tat es ihm nach. Großen Respekt hatte ich jedes Mal vor den Stieren, die mich mit großen Augen anstarrten und ab und an kräftig brüllten. Viel schöner und niedlicher war es, die Kälber zu versorgen, die in einem kleineren Stall untergebracht waren, bei ihnen war ein Streicheln stets willkommen.

Mit Quieken machten nun die Schweine auf ihren Hunger aufmerksam. Ihre Nahrung war ein Gemisch aus gedampften Kartoffeln und sonstigen Zutaten. Ein eigenartiger Geruch, der mich nicht zum Essen verführte. Aber ich war ja auch kein Schwein, denen schmeckte es auf jeden Fall, das konnte ich sehen. Einige Zeit später waren alle Tiere versorgt. „Ach, war das wieder schön“, seufzte ich zufrieden, ich war glücklich, dass ich auf dem Hof helfen durfte. Doch ein kurzer Blick auf die Uhr ließ mich zusammenzucken. Es war schon mehr als eine Stunde vergangen, seit ich das Haus meiner Eltern verlassen hatte. Oje! Nichts wie heim! Ich musste mich sputen und tief im Inneren war mir klar, was mich zu Hause erwartete. Also ging ich zur Bäuerin und fragte nach, ob sie die Milch in meine Kanne gefüllt hatte. Sie hatte – ich legte meine 80 Pfennig für den einen Liter auf den Tisch und dankte ihr. Sie dankte mir auch – für meine Hilfe. „Du kannst gerne noch mal kommen, wenn du beim Füttern helfen willst. Hier ein Glas frische Milch als kleines Dankeschön." Herrlich, Milch direkt von der Kuh – schmeckte die toll! Welch eine Belohnung! „Im Stall wieder aushelfen – würde ich schon gerne", sprach ich mehr zu mir. Denn das Ganze hatte einen großen Nachteil. Und der ließ sich nun mal nicht vermeiden – wie sehr ich mich auch bemühte, auf keinen Fall. Denn mit der Milchkanne brachte ich zusätzlich den Stallgeruch ins Haus. Alles an mir, sei es die Haare oder die Kleidung, rochen nach dem Ort, den ich soeben verlassen hatte. Ein Geruch, den meine Mutter absolut nicht mochte. Mir war das Donnerwetter gewiss – auch an diesem Abend. Direkt nach dem Gang durch die Haustür ging es los: „Musstest du wieder im Stall Dienst tun?", lautete die erste Frage meiner Mutter. „Hatte ich dir nicht ausdrücklich gesagt, sofort mit der Milch nach Hause zu kommen?" Zweimal lautete meine Antwort einfach „JA!" Ja, ich musste im Stall Dienst tun! Aus einfachem Grund – es machte Spaß und ich half den Nachbarn noch dabei. Wenn es auch für meine Mutter nicht verständlich war, für mich war es das.

Nach unserem Abendessen wurde die Milch abgekocht und damit haltbar gemacht. Die Milchkanne wurde gereinigt und weggestellt bis zu ihrem nächsten Einsatz. Das würde nicht allzu lange dauern – ein Liter war schnell verbraucht, besonders bei Milch-Liebhabern wie meinem Vater und mir. Etwas anderes, entscheidendes war genauso sicher, beim nächsten Milchholen würde ich wieder helfen – aller Kritik meiner Mutter zum Trotz.

Fußball vor, noch ein Tor!

Der Sommer ist da, bunt und schön,
Und jeder kann es sehen!
In diesen Tagen ein Ereignis Mann und Frau ergreifen,
was manches Land zu einer Nation lässt reifen!
Den Meister im Fußball für die Welt soll das Turnier erkunden,
in manchen Spielen, viele davon in späten Abendstunden!
Was mancher Stimmung keinen Abbruch tut,
sich viele Freunde treffen zu einer wahren Feierflut!
Mit frisch gezapftem Bier und kühlem Wein,
sich die Menschen stimmen fröhlich ein!
Auch gibt es viel Leckeres dabei zum Essen,
wovon der Fußball-Begeisterte speist oft unvermessen.
Mit Blick gebannt auf das Fußball-Rund,
den die Spieler treiben sollen in ein Tor, das ist der Grund!
Doch weh, oh weh, wenn ein Tor für die andere Mannschaft gilt,
manch treuem Fan die gute Laune killt!
Was bleibt ihm anderes übrig als zu drücken,
die Daumen, dass das Ergebnis sich wandelt zu seinem Entzücken.
Mit jeder Minute mehr, die auf dem Fernseh-Bild verstreicht,
die Spannung und Nervosität ihren Höhepunkt erreicht!
Wenn am Ergebnis es nichts mehr gibt zu rütteln,
müssen auch die Fans die Kissen schütteln.
Damit sie fit sind für den Alltags-Trott,
der doch nicht ist wie sonst an manchem Ort!
Denn anstatt zu fragen und zu diskutieren, wie der Abend war,
es nun darum geht, warum das und jenes im Spiel war nicht so klar.
Manch einer sich für den Experten hält,
Ratschläge und Meinung in die Welt hinaus trägt!
Ob sie jedoch erreichen, Trainer und die Mannschaft im fernen Land,
mehr noch, sie diese auch übernehmen, bleibt unbenannt.

Der treue Fan, das Vergangene schnell zu den Akten legt,
gilt es doch nach vorn zu schauen, zum nächsten Spiel.

Es wird gewettet, geschätzt und auch zitiert,
wer nun endlich gewinnt und wer verliert!
Sich freuen, selbst der Gewinner zu sein,
mit einem Verlierer, denn der muss bringen etwas ein!
Bei einer Wette es nicht bleibt, auch das ist klar –
Reizt den Verlierer stets die Hoffnung auf Gewinn – mitunter ja!
Nicht nur bei der Wette liegen Nerven blank –
nein, beim Spiele schauen, fast schon krank.
Denn hier steigt die Spannung ins Reine pur –
will man seine Truppe als Sieger krönen in der Natur.
Fußball-Freunde, wo ihr auch alle seid,
glaubt an eure Favoriten und das ohne Neid!

Montag ist mein Waschtag!

Wie unterhaltsam hatten es doch die Frauen zurzeit von Napoleon Bonaparte! Als sich die Waschfrauen am Fluss oder in der Waschküche trafen, um ihre Wäsche zu waschen. Wie viele Ereignisse des Alltags wurden diskutiert, manche politische Wende eingeläutet und vielleicht sogar die ganz großen Probleme gelöst!

Wie unlustig war das Ganze doch in den frühen 50er Jahren. Als die Frauen eines Miethauses sich einen Wäsche-Trocken-Ständer im Garten teilen mussten. Und ganz streng nach Plan. So erging es auch meiner Mutter. Obwohl wir auf dem Dorf lebten, mit Natur pur, galt auch für sie die Devise. Sie musste sich die Leine mit der Haus-Besitzerin teilen. Der Plan war wie folgt: meine Mutter hatte die Leine von Montag bis Dienstag, die Besitzerin von Donnerstag bis Freitag. Mittwoch war für die Pflege des Geländes belegt, worauf sich tagsüber noch zusätzlich die Hühner tummelten. Nicht einfach, dies zu organisieren – und das ganz ohne Hilfsmittel.

Der Waschtag begann bei uns schon am Sonntagabend. Nach dem üblichen Sonntagsspaziergang heizte mein Vater den Ofen an, der selbst im Hochsommer seine ganze Leistung bringen musste. Jeder, der diesem Backofen entfliehen durfte, konnte sich glücklich schätzen. Meine Mutter sortierte die Wäsche eifrigst nach Koch-Weiß und Bunt und füllte damit die großen Einkoch-Töpfe. Mehr als zwei passten eh nicht auf den Herd. Mit einem Becher wurde das Waschpulver entsprechend über die Wäsche verteilt. Der Wasserschlauch, der am Samstag als Badewannen-Füller diente, füllte nun die Kessel. Die Kessel samt Inhalt waren danach unglaublich schwer. Auch ein Grund, warum mein Vater und einer meiner Brüder – wer gerade das Los gezogen hatte - die Kessel auf den brodelnden Koch-Herd hieven mussten. Ja, zu zweit, einer allein schaffte dies nicht! Nach getaner Arbeit zogen sich die Herren auf ihre Ruhe-Inseln zurück – jetzt war meine Mutter am Zuge! Mit einem Riesenlöffel wendete und kontrollierte sie die Wäsche. Das Feuer musste ständig nachgelegt werden. Schweiß-Arbeit pur – von Sonntag-Abend-Vergnügen keine Spur!

War sie mit dem Wasch-Ergebnis nach einigen Stunden zufrieden, ließ sie das Feuer ausgehen und die Wäsche in den Kesseln. Montagmorgen in der Frühe wurde unser Esszimmer zum Waschzimmer - Waschtag halt! Die Kessel vom Vorabend wurden in einen Waschtrog mit Motor gefüllt. Dessen Aufgabe: die gekochte Wäsche vom Vortag samt Sud einer zusätzlichen Reinigungsrunde zu unterziehen. War ein Kessel leer und lag noch ungewaschene Wäsche herum, wurde nun für diese der Herd erneut gestochen und überwacht. Für die andere, saubere Wäsche begann der Abschluss. Das Wasser wurde aus dem Waschtrog abgelassen, in mehrere Putzeimer. Endstation: Spülbecken in der Küche. Mancher von den Putzeimern schaffte es nicht bis dahin. Kein Wunder also, dass unsere Küche an manchen Waschtagen wie ein Schwimmbad aussah – nur nicht so tief. Den Schluss-Akkord des Waschtages setzte die Elektro-Schleuder, die mit ungeheurer Kraft die letzte Nässe aus der Wäsche zog – ausgewrungen, gut gelungen, glatt jedoch nie. So musste meine Mutter diese ausschütteln, ehe sie sie in den Wäschekorb legen konnte. Mit diesem ging es dann hinters Haus zur Wäscheleine! Unabhängig von der Jahreszeit, egal ob Sommer oder Winter, die Wäscheleinen wurden immer mit einem Tuch abgewischt, ehe man die sauberen Stücke daran aufhängte. In der Sommer-Sonne war das Trocknen kein Problem, doch der Winter, oh je. Eine weitere Aufgabe galt es auch noch zu bewältigen: Das Überwachen der Hühner. Ein Fußabdruck auf einem Wäschestück würde genügen und die ganze Arbeit wäre umsonst gewesen. Ich weiß gar nicht mehr, wie oft wir an den Waschtagen das Küchenfenster aufrissen, um die Hühner von ihren Plätzen zu verscheuchen. Mehr war uns nicht erlaubt, gehörten sie doch dem Haus-Besitzer, nicht uns! Welch‘ eine Anstrengung und das jede Woche neu – wie bequem haben wir es heute und wie gemütlich war es zu Napoleon’s Zeiten – wünschen wir uns deren Zeiten zurück? Wegen der Unterhaltung sicherlich!

Tippfehler nicht erlaubt

Mit einem Lächeln erinnere ich mich gerne zurück, an dieses gute Stück,
war es in vielen Büros und für manche Sekretärin das erhoffte Glück!
Welch eine Erleichterung in der Arbeitswelt der Erfinder damit wissen wollte,
was er dabei vergaß, dass Mann oder Frau sich über manchen Tippfehler grollte.
Wenn wir heute dank modernster Technik die Fehler in unseren Texten sofort radieren und dann das Wort richtigstellen,
So hieß es öfters in den Jahren des Wirtschaftswunders, nochmal neu, ohne Fehler, wollen wir unsere Kunden nicht vergällen.
Dieses Schicksal mich in meiner Ausbildung in einer Weinkellerei mehrmals traf,
wo ich als Bürokauffrau den Sekretärinnen beim Erstellen der Angebote half.
Zwar nicht mehr auf einer mechanischen Schreibmaschine wie in jenen Tagen,
auch mit einer Kugelkopf-Schreibmaschine eine Wiederholung für einen Text kam mehr als einmal zum Tragen!
Einen Nachmittag als Lehrling im Kundenservice mir bis heute unvergessen blieb,
sollte ich ein Angebot schreiben – Umfang mehr als 3 Seiten – und das mich fast in den Wahnsinn trieb.
Als Lehrling ich kein Auto mein Eigen nennen sollte,
daher ein Nachbar mich mitnahm, der jedoch stets pünktlich zu Hause sein wollte.
Auch an jenem speziellen Tag – ging es hier um jede einzelne Minute,
hatte ich schon mal die ersten Zeilen neu getippt, so ließ ein Fehler einläuten die nächste Runde,
mit neuem Briefpapier auf leichtem Blau mit dem Unternehmen fest vertäut,

hieß es für die Sekretärin stets hohe Vorsicht, wollte auch sie nicht, dass ein zweites Mal wird eingeläut.
An jenem Tag dieses Angebot mich dreimal zum Abteilungsleiter rennen ließ,
mit der Unterschriftsmappe unterm Arm, aber danach war die Hoffnung im Verlies.
Denn wenn er mit fachkundigem Kennerblick meist die Fehler sofort entdeckte,
zum erneuten Schreiben er mich an meinen Platz dann drängte.
Mit Blick auf die Uhr und mit Rennen zum Auto des Nachbarn, ich ihn so um Geduld und Warten bat,
mit schnellem Griff auf die Tasten das Schreiben endlich seine saubere Form fand.
Damit konnte ich den Abteilungsleiter endlich glücklich machen,
und somit blitzschnell meine persönlichen Sachen zusammenraffen.
Mit einem Sprint zu Nachbars Wagen ich dann meinen Heimweg antrat,
mich bei ihm entschuldigte, er mich gemütlich nach Hause fuhr –welch' eine Wohltat.
Habe ich mal die Gelegenheit, zu erzählen den Jugendlichen von diesen Erlebnissen pur,
ein ungläubiges Kopfschütteln verbunden mit dem Fragewort „Wirklich?" das bei ihnen hervorruft nur!
Wie gut ich es habe, heute, mit Computer und neuster Technik ist mir stets klar,
ein Grund mehr für meine Dankbarkeit in so mancher Stund' – das ist wahr!

„Hast du auch deinen Henkelmann dabei?“

Wie klingt diese Frage? Wie eine liebevolle Erinnerung? Vielleicht eher wie eine Ermahnung oder Kontrolle pur? Für meine Mutter gab es nur die eine Antwort: Kontrolle. Zu sehr hatte sich ein unschönes Erlebnis mit dem Henkelmann in ihr Gedächtnis geprägt. Doch darf ich Ihnen diesen Herrn erst einmal vorstellen – besonders für diejenigen, die ihn nicht unter diesem netten Namen kennen. Es war ein Behälter zum Transport für das Mittagessen. In den 50ern bis in die späten 60er Jahren gehörte er zu der gängigen Ausstattung eines Arbeiters. Besonders für diejenigen, die an ihrem Arbeitsplatz keine Kantine hatten. Aus Blech, eher oval geformt und nur in einem Behälter, wenn es Eintopf oder eine Mischung aus Resten gab. War jedoch das Menü vom Sonntag, sprich Braten, Kartoffeln und Gemüse, die Auswahl für den Montag, wurde dies in zwei Behältern aufgeteilt. Zusammengehalten mit einer Klammer. Praktisch zum Transportieren und Aufwärmen! An einem Morgen hatte mein Vater jedoch sein Mittagessen in unserer Küche vergessen. Er, die Korrektheit in Person, war im Stress, da er unter Zeitdruck in die Mitte des Dorfes laufen musste, wo ein Arbeitskollege ihn mit zur Arbeit nahm. Beim Anblick des Behälters fuhr meiner Mutter der Schreck in die Beine. Was tun? Ein Auto hatten wir nicht. Die Strecke mit dem Fahrrad zu fahren, dafür war das Wetter zu schlecht und der Weg zu weit. Ein Bus fuhr nur alle zwei Stunden und nicht bis zur Firma, einer Möbel-Fabrik! Sondern nur bis zu einer Haltstelle, von der man noch eine kleine Wanderung von 2 Kilometern machen musste. Es blieb ihr nichts anders übrig. Sie, die die Fahrpläne für diese Strecke und Umgebung alle im Kopf hatte, war rechtzeitig gerüstet. Mit Mantel und Schal bekleidet, den Henkelmann in der Einkaufstasche zusammen mit einem Apfel als Nachtisch ging die Reise los. Nach einer halben Stunde Fahrt und einem Fußmarsch von weiteren 30 Minuten war sie beim Pförtner-Häuschen der Möbel-Fabrik angekommen. Gerade rechtzeitig, als die Schicht in der Frühstückspause war. Die nächste Frage war: Wie bekam mein Vater die Nachricht, dass am Tor 1 nicht nur seine

Frau, sondern auch sein Mittagessen warteten. Telefone waren damals noch Luxus und somit eine Rarität, auch auf dem Firmengelände. Dem Pförtner blieb bei dieser lebensnotwendigen Lieferung nichts anderes übrig, als einen Lehrling auf den Weg zu schicken. Mit Erfolg. Kurze Zeit später stand mein Vater am Zaun und fragte überrascht „Was machst du denn hier?“ Statt einer Begrüßung folgte die Antwort „Ja, hättest du heute nicht deinen Henkelmann in der Küche vergessen, müsste ich jetzt nicht hier sein!“ – „Oh, vielen Dank, das ist aber nett von dir. Das hätte ich sicherlich erst heute Mittag festgestellt. Doch dann wäre alles zu spät gewesen.“ – „Und du hättest hungern müssen!“, warf meine Mutter ein.

„Danke, du hast mir meinen Tag gerettet.“ Mit diesen Worten nahm er seine Mahlzeit entgegen und eilte in die Werksküche, denn dort würde das gute Stück für ihn in zwei Stunden aufgewärmt werden. Dann Ruckzuck zurück zum Arbeitsplatz. Diese kleine Unterbrechung war für meinen Vater eine Lehre – für die Zukunft. Denn nun hieß es täglich, ehe er das Haus verließ: „Hast du deinen Henkelmann dabei?“ Mit einem kurzen Blick in die Tasche und einem Kopfnicken zur Bestätigung konnte nichts mehr schiefgehen.

„Drück dir dein Lieblingslied!“ – Musikbox-Erlebnisse

Wer war Ihr Lieblingssänger oder -sängerin in den 50er und 60er Jahren? Erinnern Sie sich noch gerne an Willi Schneider, Peter Kraus, Caterina Valente oder auch Peter Alexander? An ihre Musik? Und natürlich an die ersten Schallplatten, worauf diese Lieder für die Musik zu Hause gepresst wurden. Schönes Erlebnis für alle die Menschen, die sich dies leisten konnten zu jener Zeit. Wir, in unserem Dorf im Hunsrück, bekamen von der Entwicklung selten etwas mit. Gelegentlich wurde uns durch die amerikanischen Soldaten und ihre Familien, die zu jener Zeit im Dorf und in der Umgebung lebten, die eine oder andere Neuerung gebracht. So auch ein Kasten, rechteckig, bunt verkleidet und mit vielen Tasten ausgestattet. Neben jeder Taste stand ein anderer Musiktitel – viele deutsche Titel. Aber auch englische – für die amerikanischen Fans. Wo er zu finden war? In unserer Dorf-Gaststätte – sichtbar für den Wirt von der Theke aus. Mit Lautsprechern hinten im Raum und vorne an der Wand neben der Bier-Theke. Wer es sich leisten konnte, warf DM 0,50 in den Schlitz ein und drückte sein Lieblingslied. Die Musikbox spielte und der Gast lauschte. Oft, wenn die Abende in der Kneipe länger wurden, wurde auch die Musikbox öfters benutzt. Wie interessant für mich! Hatte unser Vater mal die Idee, uns jüngere Kinder an einem Sonntagnachmittag zu einer Limo einzuladen, war das die Chance. Selten saß ich still auf meinem Stuhl. Ich sprang auf und las die Titel auf und ab und drückte mit Begeisterung die Tasten. Doch nichts geschah, denn mir fehlte das wesentliche. Das Geldstück. Kam ein anderer Gast hinzu, der sich seinen Lieblingssong drückte, mit Geld natürlich, konnte jeder sein Lied mithören, ob er wollte oder nicht. Ich überlegte: Sollte ich vielleicht mein Glück bei meinem Vater versuchen? „Für so etwas haben wir kein Geld!“, lautete die prompte Antwort. Ich blieb hartnäckig und nach mehreren, quälenden Fragen war es soweit. Ich erhielt das begehrte DM 0,50-Stück. Doch nun quälte mich eine Frage: Welches Lied möchte ich denn hören? Mir blieb ja nur eine einzige Chance! Die Auswahl war zu groß – ich startete mit meinem kleinen Zeigefinger auf der langen Reihe links! „Aha, Peter Alexander, nein nicht heute! Caterina Valente, na ganz schön, aber … “ Nach gefühlten, endlosen Minuten, sah ich es bzw. ihn. Udo Jürgens, mit seinem Schlager „Merci, Chérie“ – ja, das ist es. Ich nahm das Geldstück, steckte es in den Schlitz und drückte kräftig auf die Taste neben diesem Lied. Meine Ungeduld wuchs – ich hörte zunächst nichts. Aber dann begann ein zartes Klavierspiel und die Stimme, auf die ich sehnsüchtig gewartet hatte. Ich lauschte, war still und glücklich – es hatte geklappt. Doch wie alles Schöne im Leben, vergingen diese Minuten viel zu schnell. Ehe ich es begriff, verstummten die Musik-Box und das Lied, das ich mir erwählt hatte.

Heute kann ich meine Lieblingslieder anhören, so oft ich will und alles andere auch. Die Zeit und die Veränderungen in der Technik machen es möglich. Und dennoch denke ich heute gerne an diese Begebenheit und an die Technik vor mehr als 40 Jahren zurück – wie schnell die Zeit doch vergeht!

Fleißige Osterhasen!

Auf Ostern sich freuen, ist leicht! Als Kind musste ich immer in den Wochen zwischen Karneval und Ostern eisern sein. Keine Schokolade – kein Kuchen – keine sonstigen Süßigkeiten! Die Fastenzeit von sechs Wochen zu überstehen, war für uns Kinder immer mit einer großen Aufopferung verbunden. Kein Wunder – waren die Geschäfte doch bestückt mit Ostereiern, bunten Blumen und lustigen Osterhasen. Bei jedem Einkauf wurde man als Kind daran erinnert, aber als Erwachsener auch!

Während in der Familienküche Schlichtheit im Essen angesagt war, stellte die Natur meist ihre Üppigkeit zur Schau. Krokusse erblühten in den Vorgärten in gelb und blau. Der Blütenduft der Hyazinthen strömte in unsere Nasen. Und allerorts blühten Osterglocken und Narzissen. Unsere Familie hatte nur einen bescheidenen Blumengarten, umso mehr bestaunten wir die Gärten der Nachbarn und Verwandten – sehnsüchtig. Ach, wie schön wäre es, wenn ich einen Strauß von Osterglocken pflücken könnte. Oft spazierte ich durch die Wiesen und Wälder unseres kleinen Ortes und versuchte, wild blühende Osterglocken zu erspähen. Ab und an hatte ich Glück. Im Straßengraben fanden sich einige Osterglocken. Ich schnitt diese vorsichtig ab und nahm sie mit nach Hause als Mitbringsel für meine Mutter. Ein kleiner Ostergruß vorab!

In der Karwoche begannen schon früh die Vorbereitungen auf das Osterfest. Das Osteressen wurde festgelegt, jedes Eckchen unseres Hauses wurde gereinigt und geputzt – es könnte doch der eine oder andere Besuch kommen. Das Wohnzimmer wurde mit Ostertischdecken dekoriert und ein Osterstrauß aus Forsythie und Kirschzweigen zusammengestellt. Daran hängten wir Kinder Küken, Osterhasen und Eier. Herrlich, jetzt konnte eigentlich nichts mehr schiefgehen! Oder? Was fehlte noch? Richtig – die Ostereier selbst!

Am Grün-Donnerstag kochte meine Mutter meistens 30–40 Eier und stellte sie in die Schachteln zurück. Mein Vater und meine Brüder aßen gern gekochte Eier, daher auch die Menge. Am Morgen des Karfreitags wurde in alten Kochtöpfen die Farbe angerührt, die wir für das Färben der Eier benötigten. Mangels fehlender Kochtöpfe hatten wir meist nur 2–3 verschiedene Farben. Aber immerhin! Vorsichtig, mit Hilfe eines Esslöffels wurden die Eier nach und nach in die Farbe getaucht. Ganz nach Vorschrift und Beschreibung. Sie blieben so lange im Topf, bis die Schale die gewünschte Farbe angenommen hatte. Ungeduldige wie ich nahmen ab und an schon mal ein Ei heraus – einfach um zu sehen, wie es aussah. Gut war dies nicht! Erst wenn meine Mutter als oberster Kontrolleur die Eier für gut befand, wurden sie mit einem Löffel herausgenommen. Ein ausrangiertes Küchentuch war der Trockenplatz, auf den die gefärbten Eier gelegt wurden.

Erst wenn die Eier richtig trocken waren, wurde die Schale mit einer Speckschwarte eingerieben. Ganz behutsam glitt die Schwarte über die Schale, um ja nicht das Äußere zu beschädigen. Ein alter Bauerntrick, der den gefärbten Eiern ihre glänzende Oberfläche gab. Nach getaner Arbeit legten wir sie in ein mit Stroh oder Bast ausgelegtes Körbchen.

Die nächste Stufe der Verschönerung war dann uns Kindern wieder ganz allein überlassen. Von bunten Abzieh-Bildern, die meine Mutter reichlich eingekauft hatte, zogen wir mal ein Osterhäschen im Stroh, eine Gans oder einen Osterstrauß ab und verzierten damit die bunten Eier. Wir Kinder wollten uns gegenseitig mit unseren Verschönerungen übertrumpfen, so gab es schon mal das eine oder andere Gerangel um die Bilder selbst. Viele bunte, schöne Eier – verziert mit Blumen oder Hasen oder umrundet mit Osterhasen-Ohren – füllten den Korb. Und dieser Korb zierte den Ostertisch – doch erst am Morgen vom Ostersonntag. Bis dahin mussten wir warten – es war ja noch Fastenzeit! Hatte ich es oben nicht schon mal erwähnt?

Ein Dorf steht Kopf!

Einmal im Jahr drehte sich die Welt in meinem Geburtsdorf nicht um Kühe, nicht um die kommende Ernte, nicht um das Wetter und nicht um die nächste Steuerzahlung. Nein! Es gab etwas, was an drei Tagen – von Samstag bis Montagabend – alle begeisterte! Ein Fest – nein ! – nicht ein Fest, das Fest. Das Dorffest natürlich! In meinem Geburtsort heißt das Fest „Irmenacher Markt"!

Dieses Groß-Ereignis machte alle Menschen munter – viele Häuser wurden schon einige Wochen vorher neu gestrichen. Der leicht unebene Hof wurde wieder repariert. Die Frauen pflegten den Vorgarten und setzten neue Blumen, die genau am Fest-Sonntag blühen sollten. Die Männer arbeiteten die Wochen davor eifriger, damit an diesem Fest-Wochenende nur noch das Vieh versorgt werden musste und keine Äcker. Wie schon gesagt, ein Dorf steht Kopf.

Der Irmenacher Markt hatte für die Bewohner gleich drei wichtige Teile zu bieten. Wie der Name schon sagte, gab es am Sonntag und Montag ein Markt-Treiben – alles, was Frau oder Mann brauchte, konnte man kaufen. Die Frauen kauften eine neue Küchenschürze, auch ein Pullover oder Rock waren erschwinglich. Die Männer leisteten sich einen neuen Hut oder einen Schlips – je nachdem, was in diesem Jahr noch anstand – vielleicht eine Heirat? Meine Mutter kaufte sich immer ein neues Küchenmesser oder Einmach-Gummiringe, damit alles bereit war für die Ernte- und Einmachzeit. Die Verwandtschaft kam aus den Nachbar-Dörfern zu Besuch – doch der eigentliche Höhepunkt war ein anderer. Irmenach bot mehr als andere Hunsrück-Dörfer. Einen Umzug, der immer am Sonntag um 13 Uhr im Dorfteil Beuren startete. Jedes Jahr ein anderes Thema. Jedes Jahr wirkten die Dorfbewohner in einer anderen Rolle mit. Auch ich. Als Kind war ich sehr schüchtern. Der Zugleiter und Künstler, der die Wagen dekorierte und Aufbauten entwarf, erklärte mir jedes Mal meine Rolle und wie ich mich beim Umzug zu verhalten hätte. Einmal sollte ich als Prinzessin hoheitsvoll winken, ein anderes Mal als Rosenrot das

Märchen zum Leben erwecken. Nie schaffte ich es – wenn ich die vielen Menschen sah, war meine anfängliche Bereitschaft schnell dahin. Ich soll denen etwas vorspielen, kann ich nicht – die lachen doch sicherlich über mich, oder?

Aber in einem Jahr konnte ich es und wie! Denn ich war nicht zu erkennen. Ich sollte eine Maus spielen – der Künstler band mir einen langen Schwanz an die Strumpfhose und zog mir eine Maske über. Super, mein Gesicht war nicht zu erkennen. Mit einer Katze, deren Gesicht man ebenfalls nicht erkennen konnte, sollten wir beide um das berühmte Stück Käse kämpfen – mit unseren langen Schwänzen. Was ich vorher nie fertig brachte, schaffte ich dieses Mal. Ich war eine lustige Maus, winkte und jubelte dem Publikum zu, warf Kuss-Händchen in die Menge.

Selbst der eintretende Regen konnte meine gute Laune nicht mindern. Die Katze war ebenfalls aktiv, so dass wir nie vergaßen, auch die ursprüngliche Geschichte zum Besten zu geben. Fotoapparate wurden gezückt und ich stand im Mittelpunkt des Geschehens. Unerkannt auf den Brettern, die für viele die Welt bedeuteten.

Welch einen Erfolg konnte ich in jenem Jahr verzeichnen. So schnell ich die Treppe des Erfolges hinauf schwebte, so schnell war ich wieder im Alltag angekommen. Schon eine halbe Stunde nach dem Umzug zog ich meine normale Kleidung an und war das Kind wie eh und je – schüchtern, wartend und manchmal auch ein wenig traurig. Jedoch etwas wird mir immer in meinem Gedächtnis bleiben, dieses Schauspiel, das ich eine Stunde lang zum Besten gab und die Bewunderung des Publikums. Und davon zehre ich noch heute – wie jetzt in diesem Augenblick.

Der 1. Mai-Ausflug

Die Jugend-Feuerwehr gab immer sehr früh am Morgen das Startsignal. Mit dem Heranschleppen des Birkenbaums und dessen Aufstellen in der Mitte unseres Dorfes sowie dem Schmücken der Äste mit bunten Bändern in rot, blau und gelb war er da – der 1. Mai. Für uns Kinder jedes Mal ein Feiertag mit großen Überraschungen. Wo werden wir denn dieses Jahr hin wandern? Denn eine Wanderung musste sein – da gab es selten eine Ausnahme bei meinem Vater. Seine Frage begann niemals mit „WAS", sondern immer nur mit „WOHIN".

Wenn meine Mutter und er sich nicht auf ein Ziel einigen konnten, gab es immer noch eine Lösung für den Nachmittag. Die Lösung hieß Hödeshof, eine kleine Gaststätte am Waldrand gelegen und nur ca. 5km von unserem Zuhause entfernt. Der Weg dorthin war bequem – die Feldwege fast immer gerade, ideal für uns Kinder. In diesem Jahr lockte der Mai-Tag mit Sonne und warmen Temperaturen. Außer einem traditionellen Wanderstab und festem Schuhwerk, vielleicht noch einem Rucksack brauchten wir nicht viel. Kurz nach dem Nachmittagsschlaf meines Vaters ging es los. Mein Bruder, meine Eltern und ich zogen uns an und strebten dem Weg hinter unserem Haus entgegen. Von da aus ging es weiter entlang an endlosen Feldern, die die Bauern bereits im März bearbeitet hatten. Einige davon präsentierten das erste Grün des Getreides, das sie im Sommer ernten würden. Am Waldrand angekommen, duftete es stark nach Waldmeister. „Ach, zu dumm, wir hätten eine Tüte mitnehmen sollen, dann hätten wir einige pflücken und heute Abend eine Maibowle ansetzen können", sprach meine Mutter in die Runde. „Warum hast du nicht daran gedacht?", hielt Vater ihr als Antwort entgegen. Dieses Frage- und Antwort-Spiel hätten meine Eltern sicherlich noch beliebig fortgesetzt, wären wir nicht an unserem Ziel angekommen. Die kleine Gaststätte hatte sich für den 1. Mai-Ansturm entsprechend eingekleidet. Nicht nur in der Gaststube selbst, die mit Holzbänken und Tischen gemütlich eingerichtet war, waren Gäste zu sehen, sondern auch draußen auf den Gartenstühlen.

Fast alle Plätze waren belegt, so sah es auf den ersten Blick aus - hatten wir da überhaupt noch eine Chance?

Die Wirtin, die meinen Vater noch von früher her kannte, sprach ihn direkt an „Tag, Max, na, auch zum 1. Mai unterwegs?“ – „Ja, Liesel (so der Name der Wirtin), wir vier würden gern etwas essen und trinken. Ist noch was frei?“ – „Du siehst ja, alles belegt, aber wart‘ noch einen kleinen Moment, dort hinten an der Eckbank, die haben gerade gezahlt. Sie haben mir gesagt, sie wollen gleich nach Hause wandern.“ Uns blieb nicht anders übrig, als zu warten – ein wenig ungeduldig standen wir mitten im Raum. Menschen, die meinen Vater gut kannten, sprachen ihn an und erkundigen sich nach Neuigkeiten aus unserem Dorf und der Umgebung. Neben dem letzten Dorf-Tratsch war das Wetter auch ein wichtiges Thema, wie sollte es anders sein. Für die Bauern war der März zu trocken, für die Städter der April zu nass und für uns Kinder? Kein Interesse! Nach für uns endlosen zehn Warteminuten war es endlich soweit. Wir konnten Platz nehmen. Wir stürmten auf unsere Plätze und ergriffen die Karte. Die Speisekarte zeigte einfache Speisen, aber gut. Wildgerichte gab es auch – an sich logisch so nah am Wald. Somit fiel die leichte Wahl meines Vaters auch für uns alle aus: Wildgulasch mit Nudeln. Das einzige, was jeder selbst bestellen durfte, waren die Getränke. Schon kurze Zeit später standen Getränke und Essen auf dem Tisch und mit einem „Dann lasst es euch schmecken!“, von der Wirtin legten wir los. Mmmh, lecker! Solche Mahlzeiten außerhalb des Hauses waren zu unserer Kinderzeit äußerst selten, umso mehr genossen wir diesen Ausflug. Doch alles Schöne hat mal ein Ende und jeder Hinweg auch einen Rückweg. Jedoch gut gestärkt, beschienen von den letzten Sonnenstrahlen des Tages macht auch der längste Weg Spaß – da stimmen Sie doch zu?

Frühlingsblau gegen Wintergrau

Endlos ziehen sich die Wochen nach den stressigen Tagen von Weihnachten und Silvester dahin. Unter grauen Wolken, Regen oder Schnee träumt und sehnt sich fast jeder nach den bunten Farben des Frühlings. Genauso wie nach dem Gesang der Vögel, die die wärmeren Tage ankündigen. Plötzlich, wie ein Wunder, strecken einige Krokusse ihre grünen Fühler durch die Erde. Das ist für mich das Startsignal – der Garten ruft. Ich sammele mein Handwerkszeug wie Schaufel, Handharke, Gartenschere und Handschuhe zusammen, schnappe mir einen Eimer und los geht es. Mit Jeans und Pulli leicht bekleidet, wühle ich mich durch die Blumen und Beete vor unserem Haus. Ich schneide die Rosenbüsche, damit sie sich bald wieder in voller Vielfalt entfalten können. Verwelkte Blumenzweige werden entfernt, die Erde aufgelockert. Achtung! Vorsicht ist angesagt, denn die Zwiebeln von Tulpen, Krokussen und anderen Frühlingsblumen dürfen ja nicht beschädigt werden. Mit jedem Zentimeter mehr an lockerer Erde komme ich meinem Ziel von Frühling näher. Die bunten Farben der Krokusse berauschen mich und erwärmen die erste Frühlingszeit. Bald folgen Tulpen und Narzissen in ihren Farben – die Welt wird bunter. Jede noch so winzige Sonnenstunde wird voll ausgekostet. Oft spazieren Ehepaare oder ältere Damen an unserem Haus vorbei, während ich im Vorgarten werkele. Der Anblick der Blumen lässt zwischen uns schnell ein Gespräch entstehen!

Das ist aber nicht alles. Ein weiterer Teil des Frühlings bedarf auch einer Frühjahrskur: mein Fahrrad! Vor der ersten Fahrrad-Tour geht das gute Stück in die Werkstatt – zur Inspektion – fast so wie mit einem Auto. Ist daran auch alles in Ordnung, könnte es losgehen. Doch wie im richtigen Leben fehlt eigentlich nur das Wesentliche: die Sonne und die Wärme! Die Wartezeit auf dieses Vergnügen überbrücke ich mit Spaziergängen am Abend, manchmal auch am Morgen. Die Erde verströmt einen süßen Duft von Frühling. Die Kraniche ziehen mit ihrem Lockruf hoch über unsere Köpfe hinweg. Die Bäume zeigen uns mit ihren ersten Knospen an, dass auch für sie der Winter vorbei ist. So manche schöne Blüte oder Blume in Nachbars Garten wird das Ziel meiner Fotokamera. Ein weiteres Frühlingszeichen gilt es auf den Straßen zu beachten – Motorrad-Fahrer bevölkern mehr und mehr Landstraßen und Umgebung – wie ein Pfeil düsen sie an uns Autofahrern vorbei und siegen über so manchen Stau.

Beim Flanieren vorbei an den Auslagen der Geschäfte erblicke ich das nächste Frühlingssignal. Die Stiefel des Winters werden durch leichtes Schuhwerk abgelöst. Der dicke Mantel mit Schal und Mütze weicht der farbenfrohen Jacke. Statt Kleidung aus Strick und Wolle gefärbt in düsterem grau oder schwarz, strahlen uns in den Auslagen gelbe, rote und andere farbige Röcke und Hosen an. Und ein weiteres, untrügliches Zeichen des Frühlings ist wie die Kraniche zurückgekehrt. Der italienische Eismann hat seinen Winterurlaub beendet und seine Pforten geöffnet. Obwohl bei den Temperaturen man draußen noch an etwas anderes denkt als an köstlichen Eisgeschmack, kann ich der Versuchung nicht widerstehen. Die ersten drei Kugeln, verziert mit einem Kleks Schlagsahne, des neuen Jahres landen zunächst hoheitsvoll im Becher, ehe sie den Weg in meinen Bauch finden. Mmmh, wie lecker, ein Hoch auf das Frühlingsblau und Adieu dem Wintergrau.

Hexen seid wach, für so manchen Schabernack!

Glaubt man den Forschern, dürfte es Hexen in der heutigen Zeit nicht mehr geben,
doch in der Nacht vor dem 01. Mai erwachen sie in manchen Regionen zum Leben!
Im Hunsrück gehörte es fast schon zu einer Tradition, man glaubt es kaum,
stellten sie vieles auf den Kopf bevor er stand im Mai – der Baum.
Hoch gestellt und bunt geschmückt mit bunten Bändern reich als seine Zier,
tanzten die Hexen, ob männlich oder weiblich, um ihn herum, bevor sie gingen ins Revier!
Die Bauern hatten ihr Gehöft geräumt und zu ihrem Schutz fest verschlossen,
hielt das die Hexen nicht davon ab, zu suchen, stets und unverdrossen!
Auch ich war eine dieser Geister, in meinen Jugendtagen - kaum zu glauben,
ging ich mit einer Freundin los – gegen 23.00 Uhr – manch einem seine Ruhe rauben!
Nicht nur das – ihr werdet es in der folgenden Geschichte sehen und davon hören –
wurden wir als unbekannte Geister der Nacht fest hinauf beschwören!
Immer schön der Reihe nach, wie bei einer guten Geschichte ist auch hier die Pflicht,
meine Freundin und ich erfüllten am 30. April mal voll und ganz unsere Schicht!
Wir gingen durch die Felder und über manchen leeren Bauernhof,
nichts war zu finden, kein Stück, das wir konnten verstecken – wie war das doof!
Bei einem leeren Bauernhaus wahrte ein begehrter Junggeselle unseres Dorfes eines auf,

lange Holzstämme aus dem Wald genommen, lagen zum Trocknen dort zu Hauf.
Bei ihrem Anblick kam meiner Freundin und mir eine schelmische Idee!
Wir beide packten die Stämme an ihren Enden und trugen sie in die Auffahrt ein,
bauten wir aus ihnen ein Gitter, wie auf einer Torte, dieser Spaß muss sein.
Diese Arbeit uns zwei Stunden raubte, mindestens, exakt weiß ich es nicht.
Mussten wir doch immer auf der Hut sein, nicht erkannt, so hieß die Pflicht!
Stetig umschauen – auf die Straße und auf die Gassen – das war klar,
ging jemand vom Dorffest am Haus vorbei – wir uns versteckten im Dunkel da.
Wir hatten Glück, wenn ich es heute so mal ausdrücken darf –
Der Schabernack vollendet – ohne dass jemand wusste, wer es war!

Der Junggeselle, ihn man am 01. Mai morgens früh um 10.00 Uhr fluchen lauschte,
das Werk der Hexen die Unmöglichkeit der Einfahrt vor ihm aufbauschte.
Nun, da er ein Teil für seinen Hof von diesem Ort hatte wegzutragen,
ihm nichts anderes übrig blieb als zunächst eine Hilfe zu Hause zu erfragen.
Sein Vater und er am frühen Mai-Morgen volle Hände hatten zu tun,
die Stämme von dem Hexen-Werk zurück an ihren Platz fanden dann ihre Ruh'!
Wir das Tagesgespräch im Dorf waren in jenen Tagen, nicht mehr heute,
niemand die Übeltäter bei ihrem Namen kannte, weder Land noch Leute.
Man sie einfach unter dem Etikett „Die Hexen zum 01. Mai" ins Gedächtnis nahm,
sind wir, meine Freundin und ich, doch heute Menschen lieb und wirklich brav!

Muttertag – und das einmal im Jahr!

Alle Jahre wieder und das am ersten Sonntag im Mai –
gilt für jede Mutter – das sie ist von ihren Pflichten frei!
Dieser Tag im Jahr sei ihr gegönnt und von der Familie gekrönt,
wo alles anders ist und an dem sie wird verwöhnt!
Die Veränderung fing früh an in den Morgenstunden,
ich dann meistens trat an bei einer Nachbarin die Runden,
Zu suchen und sie zu bitten, einen Strauß Blumen für mich zu binden,
damit ihn meine Mutter auf dem Esstisch als Dankeschön konnt' finden!
Mit Duft von Flieder, Iris und Tulpen – welch' ein herrlicher Bund,
ich einige Zeit brauchte für ihn zu finden eine Vase – das war der Grund!
Lange schlafen konnten weder meine Mutter und Vater an solchen Tagen,
waren sie stets von ihrer Verantwortung getragen.
Schnell eindecken den Frühstückstisch mit Geschenk für meine Mutter,
gab es heute frische Eier, Brötchen, Käse und statt Margarine, Butter.
Satt und glücklich, wusste sie meist nie die Zeit bis zum Mittag zu überbrücken,
ein Spaziergang durchs Dorf bei Sonnenschein, das konnte sie beglücken.
In der Zeit ich hatte abzuwaschen und das Mittagessen vorzubereiten,
musste ich rührig öfters die Küche von links nach rechts durchschreiten.
Auf der Suche nach den passenden Töpfen und den Zutaten,
für die Suppe, Gemüse und nicht zuletzt für den guten Braten.
All das war pünktlich fertig zu unserer üblichen Essenszeit,
meistens lag diese sonntags um halb-eins.
Das mehr Esser als geplant unseren Tisch dann konnten umrunden,
lag auch daran, wer von meinen Geschwistern fand das Essen könnte munden.
War dies als ein Kompliment an meine Kochkunst anzusehen?
Oder waren sie einfach nur zu bequem?
Egal, die Arbeit war und blieb fast die gleiche, auch um vier,
stand ein besonderer Kuchen für diesen Ehrentag in unserem Revier.

Schien die Sonne warm und hell vom Himmel in unseren Garten,
konnte ich den Kaffee dort servieren unter einem Baum als Schatten.
Mit einem kleinen Abendbrot, Film im Fernsehen schauen, wer will,
fand dieser Tag seine Vollendung am Abend, und das sehr schnell.
Ein Tag im Jahr als Dankeschön für die Mutter zu ernennen,
daran man nicht der Weisheit letzten Schluss kann erkennen.
Täglich sich gegenseitig helfen, wo und wie man kann,
macht Spaß und ist jedermanns Freude, ob Frau, ob Mann.

Weg der Schnee, blüht nicht nur der Klee!

Nein, wenn einmal Ende Februar oder März auf dem Kalender stand,
meine Mutter ihre wahre Aufgabe im Haus und Keller fand!
Angefangen im ersten Stock in den Schlafzimmern wie es sich gehört,
sie dann allem Winterlichen und Benutztem den Rücken kehrt!
Ganz so war es dann doch nicht, das dürfen Sie mir glauben,
sie dann mit Putzwedel, Staubsauger und Waschmaschine dem Winter sein Dasein konnt‘ rauben.
Wie kann das sein – wollen Sie sicherlich von mir wissen?
Die Wolldecken geschüttelt und gewaschen, genauso rein wie jedes Kopfkissen.
Abgelegt in die Schränke, nachdem auch sie wieder strahlten, sauber und rein,
sie fanden dort ihr Zuhause bis die Kälte gab erneut ihr Stell-dich-ein.
Die Böden geschrubbt, die Fenster geputzt, es leuchteten die Gardinen weiß und hell,
so kann das Frühjahr und Ostern kommen und auch ein Besuch, meistens schnell.
Denn auch Wohnzimmer und Küche brauchten den Frühjahrsputz – wie kann es anders sein,
Tischdecken gewechselt, mit sauberen Schränken und drinnen glänzende Gläser für Bier und Wein.
War das Innere des Hauses schon mal gereinigt und auf Frühjahr eingestellt,
wünschte der Vorgarten auch für sich eine passende Frühjahrswelt.
Ich half meiner Mutter beim Zupfen von Unkraut und Gras in den Beeten,
danach ich ein schöneres Bild mit frischer Erde darauf legte.
Ja nicht vergessen, zwischen den Hofsteinen das Unkraut zu ziehen,
sonst könnte man diese Fläche im Sommer als eine Wiese blühen sehen.
All diese Arbeiten fanden stets im gleichen Zeitraum ihren Höhepunkt,

daher der Name „Frühjahrsputz“ – ein wahrer Grund,
Als Kind hätte ich für ihn Frühjahrstress oder -qual als Name ausgesucht,
brachte er mir außer meiner Schule noch eine weitere Aufgabe – wie ein Fluch.
Statt Spielen oder Fahrradfahren in so manch einer freien Stunde,
durfte ich im Haus mit Putztuch und –mittel drehen meine Runde.
Heute bin ich älter und denke öfters mal an diese Zeit zurück,
kann ich nun wählen meine Zeit, geteilt oder am Stück!
Der Hang zur Reinlichkeit ist mir geblieben seit jenen Tagen,
der Dank gebührt meiner Mutter – wie können Sie nur fragen!

Süchtig nach …

… nach Geschmäckern wie Orange, Himbeere, Waldmeister oder auch Cola. Zu bekommen in kleinen Tütchen, verziert mit einem Matrosen, der lustig ein Fähnchen vor sich her schwingt, mit dabei ein Matrosen-Hütchen! Na, erraten, was ich meine! Brause-Pulver der Marke „Frigeo Ahoj" – so lautet die offizielle Bezeichnung, doch wir Kinder nannten es einfach Ahoj-Brause-Tütchen. Im Laufe der Zeit kamen noch Brause-Tabletten hinzu – für unterwegs. Der Laden in unserem Dorf hatte sie immer neben der Kasse stehen. Super praktisch, ersparte mir dies den Weg durch den Laden. Oft konnte ich mir diesen Luxus nicht leisten, denn so ein Tütchen kostete damals 10 Pfennig. Wenn ich das heute umrechne, ist dies fast gar nichts. So jung musste ich mir diesen Luxus erst einmal verdienen. Viele Möglichkeiten gab es nicht bei uns auf dem Lande. Im Frühjahr, wenn der Garten auf Vordermann gebracht werden musste, konnte ich schon mal beim Nachbarn vorsprechen. Beim Bauernhof, der nur 100m von uns entfernt war, half ich öfters mal beim Füttern der Tiere. Die Hühner bekamen ihre Körner. Ein besonderer Brei, zusammengemixt, stand für die Schweine bereit. Die Rinder hatten Glück, wenn es frisches Gras statt Heu als Speise gab. Statt modernster Technik war ich am Werk und meine Leistung wurde öfters mit einem 10 Pfennig-Stück belohnt. Das konnte sich sehen lassen, nicht wahr. Reich wie eine Königin schwang ich mich am anderen Tag auf das Fahrrad und radelte zu unserem kleinen Dorfladen. Die Tür-Glocke kündigte meinen Besuch an, wenn die Besitzerin hinten an der Fleischtheke oder im Lager zu tun hatte. Vor mir lag die ganze Pracht von Brausetütchen – doch mit der großen Auswahl hatte ich auch die Qual der Wahl. Ich hatte ja nur ein 10 Pfennig-Stück bei mir – ich musste mich entscheiden. Hatte ich heute eher Lust auf Himbeere oder mehr noch auf Cola. Nicht so einfach – nicht für mich und nicht für die Besitzerin, die ja den großen Umsatz in ihre Kasse stecken wollte. In solch einer Situation halfen mir immer die „richtigen" Kunden. Die wussten, was sie wollten und was nicht. Nach deren

Einkauf war aber auch ich soweit. Heute sollte es Waldmeister sein! Zu Hause angekommen, wurde die Tüte einfach oben aufgerissen, das Pulver in ein Limo-Glas geschüttet, kaltes Wasser darüber, mit einem Tee-Löffel umgerührt und fertig. „Hmmm, lecker …, ein feiner Durstlöscher." Wie würde das Getränk erst im Sommer schmecken. Doch bis es soweit war, musste ich noch viele Stunden fleißig sein. Gemäß dem Motto „Erst die Arbeit, dann das Vergnügen".

Vatertag, doch eher Junggesellentag!

Im Zeichen der Gleichheit zwischen Mann und Frau,
wurde ein anderer Tag im Mai für die Väter zur großen Schau!
Der Donnerstag, christlich als Christi Himmelfahrt benannt,
ist in der Umgangssprache eher als Vatertag bekannt.
Wenn singend, trinkend, Gruppen von Männern durch die Wiesen ziehen,
wo Schlüsselblumen und Butterblumen an den Wegen blühen,
sich einige Betrachter beim Anblick fragend denken,
es nicht nur Väter sein können, die Bollerwagen drückend lenken.
Nein, oft sind es Junggesellen oder Männer ohne Kinder in der Ehe stehen,
die sich diesen Tag nicht nehmen lassen, für was und für wen?
Der Mann statt Schubkarren auch mal die Kutsche er sich bedient,
sein Vorteil, sie ihm damit als Transport neben Getränken auch für die Männerclique dient.
Damit ein solcher Tag für viele Männer ist volltrefflich,
die Sonne soll scheinen vom blauen Himmel, ohne Wolken, wäre das nicht göttlich!
Erwärmt mit Temperaturen um die Grad von zwanzig,
er selbst mit einem Alter dienen kann – weit unter dreißig!
Genug der Zahlen, vielleicht noch für das Zählen der leeren Flaschen im Revier,
er sie, Ehefrau oder Freundin, die dieses wissen will mit Begier!
Nein, sondern auch die Nachricht wie der Tag verlaufen sei so generell,
mit Würstchen heiß und Steak ganz durch in der Natur auf einem Grill!
Ein Mann der Runde, mit Erfahrung im Grillen, mit dieser Tat bedacht,
damit die anderen erzählen, plaudern weiter, bis für alle die Sonne sagt „Gut‘ Nacht“.
Der Hinweg war für die Runde nicht so schwer, in der Tageshelle,
macht der Rückweg mehr Probleme, und das in der abendlichen Stille.
Einige, sogenannte „Väter“ schon ein Kater zurück begleitet,
der ihm einen sicheren Gang nach Hause mehr als vereitelt.

Nicht selten die Frauen aufgerufen sind und stehen auf dem Plan,
ihren Liebsten zu nehmen dann in den Arm.
Hand in Hand, Arm in Arm, sie gemeinsam schreiten zu ihrem Domizil,
egal, ob der Mann dies zu jener Stunde es schon will.

Liegen die Vatertags-Gesellen in ihren Betten, zugedeckt und lieb bedacht,
können die Frauen noch genießen die angebrochene Nacht.
Mit Ruhe und innerer Sicherheit auch sie können dann schlafen gehen,
und sie erwachen am Morgen, verschont von jeglichen Nachwehen.
Der Mann aber mühsam sich wieder in das Alltagleben finden muss,
denn nach dem Freitag und Wochenende ohne Qualen und Verdruss,
er, so seine Pflicht, montags sich auf der Arbeit muss einfinden,
gleichzeitig das Datum für die nächste Feier mit Freunden er will
ergründen!
Viel Spaß dabei, Frauen inbegriffen, ist damit nun der Familienkreis
komplett,
und, was viel wichtiger, der Haussegen hängt nicht mehr schief, wie nett!

Kirschen aus Nachbars Garten

„Kirschen aus Nachbars Garten, die schmecken so süß" heißt es in einem Schlager aus den 50er Jahren. Ja, genau, voller Sehnsucht habe ich geschaut – in die Gärten der Nachbarn. Ein ganz besonders schöner Kirschbaum stand auf der Wiese genau unterhalb unseres Hauses. An heißen Sommernachmittagen, wenn es Stallzeit war, liefen wir hinüber auf die Wiese. Ein Blick nach rechts und ein Blick nach links. Keiner der Besitzer in Sichtweite. Los ging es, ich hielt mich an einem starken Ast fest, der nach unten hing. Und mit einem Schwung zog ich mich hinauf. Oben auf dem Stamm angekommen, streckte ich mich entlang des Astes. Da! Süße Kirschen baumelten an den kleinen Ästen. Meine kleine Hand pflückte die roten Früchte und eine nach der anderen landete in meinem Bauch. Hmm, wie lecker! „Ach, hätten wir doch selbst nur einen Kirschbaum", seufzte ich in meinen Gedanken.

Wir hatten aber keinen Baum. Doch das hielt mich nicht davon ab, mein Glück erneut in Nachbars Garten zu versuchen. Es war wieder ein heißer Sommertag – im August. Dieses Mal traute ich mich alleine auf das Grundstück hinter unserem Haus. Und wieder erklomm ich den Baum und kletterte hinein in die Äste. Die Kirschen hingen im Baum, jedoch nur noch in der Spitze. Diese waren nicht so einfach zu erhaschen! Vorsichtig schwang ich mich von Ast zu Ast und hielt mich gut fest. So merkte ich auch nicht, wie der Bauer mit dem Fahrrad vorbeikam. Er stellte sich unter den Baum, schaute mir eine Weile zu und rief dann laut „ Was machst du denn da?" Ich, hoch oben in den Ästen, bewegte mich nicht mehr! Ertappt! Keine Antwort fiel mir ein. Was sollte ich tun, was konnte ich tun? „Komm vom Baum runter!", forderte der Bauer mich auf. Ich gehorchte und kletterte mit roten Wangen langsam vom Baum hinunter. Mit einem letzten Plumps landete ich auf der Erde.

Ich blickte zu Boden und lief noch mehr rot an. „Das ist aber nicht richtig! Einfach die Kirschen zu pflücken! In unserem Baum! Und ohne, dass du vorher gefragt hast!", sprach der Bauer eindringlich auf mich ein. Wieder kein Ton von mir. Ich starrte weiter den Boden an und sagte nichts. Zu groß war meine Angst! Meine Gedanken kreisten nur um das eine – wird er nun zu meinen Eltern gehen?

Es vergingen Sekunden, Minuten. Ich rührte mich nicht – aus Scham. Aus Scham vor meiner eigenen Tat.

Daher merkte ich auch nicht, wie der Bauer ein wenig nach hinten ging. Ich blieb auf meinem Platz. Nach ein paar Minuten, die für mich endlos waren, sprach der Bauer erneut zu mir: „So, hier hast du ein paar Kirschen. Ich habe sie vom anderen Baum gepflückt. Lass sie dir schmecken. Aber versprich mir, dass du das nicht wieder machst, ja?" Er berührte dabei sanft meine Schulter. Ich nahm die Früchte in meine kleinen Hände. Mein Gesicht hatte nun fast die Farbe von einer Tomate. Langsam wanderte mein Blick von meiner Hand zum Bauern. Mit großen Augen schaute ich ihn an – mein Herz klopfte laut. Ich glaubte, jeder müsste mein Herzklopfen hören. Mit zitternder Stimme antworte ich: „Ja ich verspreche es – und vielen Dank für die Kirschen." Und im Inneren fügte ich erleichtert in Gedanken hinzu – vielen Dank, dass er mich nicht verraten hat.

Heiß = EIS!!

Es ist Sommer – endlich! Es ist warm, nein, eher heiß draußen! Was reimt sich alles auf Heiß? Weiß, Reis, Leis, doch wie himmlisch ist das Wort Eis!

Als ich Kind war, gab es ihn noch – den Eismann, der klingelnd und lärmend mit seinem kleinen VW-Bus durch die Straßen zog. Sehnsüchtig warteten wir Kinder auf ihn. Ich erinnere mich genau!

An einen besonders heißen und schwülen Sommertag. Wir hatten Schulferien und alle Pflichten die Schule betreffend, lagen weit vor uns. Die üblichen Alltagsarbeiten wie Spülen, Unkrautjäten waren erledigt. Nach dem Mittagessen gehörten die Stunden bis zum Abendbrot uns Kindern allein. Wenn es draußen besonders schwül war, zog ich mich gerne in die Kühle des Hauses zurück. Oben in den Schlafzimmern legte ich mich meistens auf den Teppich vors Bett, bewaffnet mit einem Kissen als Stütze und mit einem Buch – das musste sein. Ich las und lese gern – herrlich, wie leicht man in eine andere Welt abtauchen kann, ohne nur einen Meter gehen zu müssen. Nur ganz leise drängten die Geräusche von draußen an mein Ohr. Doch plötzlich hörte ich von fern ein vertrautes Geräusch – ein Klingeln, genau! Das Klingeln des Eismannes – „Wo ist er und kommt er noch an unserer Haustür vorbei“, so überschlugen sich meine Gedanken.

Schnell klappte ich mein Buch zu, suchte meine Pantoffeln – „Wo sind diese nur?“ – Super – gefunden! Hinein und ab die Treppe runter. „Mama, Mama“, rief ich an der Kellertür – keine Antwort, flitzte hinaus in den Vorgarten – niemand zu sehen. Das Klingeln kam näher. „Schaffe ich es noch? Doch, wo ist nur meine Mutter?“ Blitzschnell rannte ich hinter das Haus – da endlich – gefunden – sie arbeitete im Garten. „Mama, darf ich mir ein Eis kaufen – bitte, nur ein Bällchen Erdbeer-Eis – und bitte schnell – der Eismann kommt immer näher.“ Meine Ungeduld konnte meine Mutter nicht mit mir teilen! Während ich von einem Fuß auf den anderen wechselte, spazierte meine Mutter ganz normal ums Haus nach oben. Meine Gedanken überschlugen sich: „Reicht die Zeit noch?“ – und ich lauschte weiter: „Wo ist der Eismann jetzt? Aaaah, er ist in die Straße über uns gefahren." Hüpfend folgte ich meiner Mutter ins Wohnzimmer, dort, wo ihr Portemonnaie normalerweise lag. Sie zog die Schublade auf als würde nichts Drängendes auf sie warten. „Kann sie meine Sorge denn nicht verstehen?", grübelte ich weiter. Den Eismann zu verpassen – gab es etwas Schlimmeres an einem solchen Sommertag.

Endlich hielt ich das Geld in meinen Händen, ein kurzes Danke in Richtung meiner Mutter und nichts wie ab nach draußen. Just in dem Moment, wo ich vor unserer Haustür stand, kam der Eismann vorbei. Ich stand auf unserem Hof und winkte – wieder überkam mich die Angst – „Hat er mich überhaupt gesehen?" Ich blickte ihm sorgevoll nach – doch er fuhr weiter, weiter, bis zum letzten Haus in unserem Ort! Sollte die ganze Mühe umsonst gewesen sein? Nein! Hurra, endlich kam die Erlösung – er wendete seinen Bus und kam auf mich zu.

Genau vor mir hielt er an, stieg aus und kletterte von hinten in den Wagen hinein – die Klappe öffnete sich und das Eisparadies lag vor mir. Aber auch die Qual der Wahl – als Kind noch mehr als wenn man erwachsen ist. „Nehme ich heute wieder Erdbeer oder doch Schokolade." Mein Kopf wanderte von einer Sorte zur anderen. „Was nehme ich nur?" Meine Blicke überschlugen sich, ich zögerte, und, und … ? Erdbeer war wieder mein Lieblingseis. Das sagte ich auch dem Eismann. Mit der linken Hand nahm ich glückselig die Eiswaffel entgegen und mit der rechten reichte ich ihm das abgezählte Geld. Ich sagte „Vielen Dank" und schon beim ersten Schlecken der kühlen Köstlichkeit war ich mir sicher „Ich bin im siebten Eishimmel."

Der etwas andere Ausflug!

Sommerzeit – Ferienzeit! Als Kinder freuten wir uns auf die Ferien – keine Schule und keine Verpflichtungen! Jedoch nicht immer! Unsere Eltern konnten uns Kindern oft einen Ausflug der besonderen Art als Höhepunkt des Tages präsentieren. Was dies war, wollen Sie wissen? Sammeln von Waldfrüchten wie Brombeeren, Heidelbeeren und einiges mehr.

An einem heißen Sommertag-Morgen, einem Mittwoch, war es dann soweit. Brombeeren pflücken für leckeres Gelee im Herbst und im Winter war angesagt! Wir Kinder mussten in unsere ältesten Hosen schlüpfen. Wanderfeste Schuhe lugten kurz darauf unter den Hosen hervor. Ein langärmliges T-Shirt bedeckte unsere Arme – Schutz musste sein, doch warum gerade bei dieser Hitze?

Unsere Mutter packte in der Zwischenzeit unseren Bollerwagen, der stets eine Hilfe war, auch heute! Zwischen den kleineren Eimern zum Pflücken stellte sie unsere Milchkanne sowie andere Töpfe mit Deckel, die nun ausnahmeweise ihren Dienst als Sammelbehälter taten. Darauf setzte sie einen Einkaufskorb mit unserem Imbiss – belegte Brote und Pfefferminz-Tee, der im Sommer mit Zitronen-Scheiben zu einem Super-Durstlöscher wurde. Keine Cola und keine Limonade! Meine Mutter warf einen kurzen Blick in die Runde und rief: „Ward ihr auch alle noch auf der Toilette?“ – „Ja“, riefen mein Bruder und ich fast aus einem Munde. Etwas ungeduldig standen wir am Bollerwagen, den meine Mutter zur Sicherheit noch einmal kontrollierte. Dann endlich ging es los. Mein Bruder und ich wechselten uns beim Ziehen des Wagens ab, Mutter wanderte hinterher und gab den einen oder anderen Hinweis für die Strecke. Wir, als sperriges Gespann, konnten ja nicht die Hauptstraße benutzen. Uns blieben nur die Feldwege zwischen den Häusern und an den Weizenfeldern entlang.

Nach einer guten halben Stunde waren wir an unserem Ziel angekommen – mitten im Wald. Wir parkten unseren Wagen seitwärts im Gebüsch, Mutter drückte jedem von uns einen Eimer in die Hand und wir begaben uns auf die Suche. Wir wurden bald fündig. „Welch ein Glück, dass wir lange Hose tragen", ging es mir durch den Kopf. Denn trotz vorsichtigen Herantastens blieb der eine oder andere Dorn an meiner Hose hängen, aber nicht an meinem Bein. Glück gehabt!

Sehr langsam füllte sich mein Eimer. Nach einer für mich unendlich langen Stunde in den Brombeer-Büschen hielt ich es nicht mehr aus. „Puh, ist das heiß!", stöhnte ich laut. „Ich habe Durst", folgte mein Bruder – „Hier, ihr beiden, trinkt einen Schluck Pfefferminz-Tee", lautete die Antwort meiner Mutter.

Gesagt, getan! Und dabei fiel mir auch auf, wie schön still es im Wald war. Aber nicht immer! Plötzlich hörte ich etwas. Ein Knacken und Trampeln nahm ich wahr – ich hob meinen Eimer auf und blickte in Richtung der Geräusche – doch nichts zu sehen! „Seid still!", flüsterte meine Mutter. Wir alle drei standen wie gebannt und warteten – warteten, aber auf was? Sekunden vergingen – mir kamen sie wie eine Ewigkeit vor. Was kann es nur sein – doch hoffentlich nicht ein Wildschwein?

Da – wir alle sahen es im gleichen Moment – ein Reh lief und sprang aus dem Wald in Richtung der Weizenfelder! „Wie schön" rief ich dem Waldbewohner erleichtert hinterher und hatte Lust, es ihm gleichzutun. Doch das ging ja nicht. Ich hatte eine wichtige Aufgabe hier zu erfüllen! Und wer arbeitet, darf sich auch stärken. „Können wir mal eine Pause machen", erkundigte ich mich bei meiner Mutter. „Eigentlich wollte ich noch ein wenig warten, aber wenn ihr hungrig seid!" Begeistert griffen wir zu und ließen uns die Mahlzeit schmecken. Fast wie ein Picknick – nur nicht so entspannend.

Radeln bringt uns in Schwung!

Wie schafft man es von einem Ort zu einem anderen zu gelangen, wenn man kein Geld für ein Auto oder den Bus hat? Eine gute Frage in den 60er Jahren! Sie wurde beantwortet: Ein sehr beliebtes Teil machte das Rennen, das Fahrrad. Stolz und glücklich konnte jeder sein, der ein solches besaß. Auch ich durfte ein Fahrrad in meiner Kindheit mein Eigen nennen, ich hatte es von meiner Schwester bekommen, als diese älter und somit auch größer wurde. Ein rotes Fahrrad – ich erinnere mich genau – und als Bewunderer von dem großen Held „Winnetou" nannte ich auch mein Fahrrad so.

Winnetou und ich haben so manchen Ausflug unternommen. Gern fuhr ich auf den Wegen, die durch Wiesen und Felder führten. Auf meinen Fahrten entdeckte ich Blumen und seltene Pflanzen, die ich manchmal pflückte und meiner Mutter zu einem Blumenstrauß gebunden, mitbrachte. Ganz besonders nützlich wurde mir Winnetou in den Sommerferien. Immer dann, wenn ich und meine Freundin Veronika das Geld und die Gelegenheit bekamen, ins Freibad der 9 km entfernten Stadt an die Mosel zu fahren. Busse fuhren zeitlich ungünstig und hätten unsere Ferienkasse gekostet. Wir wollten ja neben dem Schwimmen auch noch ein Eis essen – passt doch gut, oder?

An einem besonders heißen Sommertag packte ich meine Sachen, schnappte mir mein Fahrrad Winnetou und zusammen mit meiner Freundin Veronika fuhren wir den Berg hinunter. War das eine Freude, wenig Anstrengung, der Wind kühlte unser Gesicht und in ungefähr 40 Minuten waren wir an unserem Ziel. Die Fahrräder wurden in die dafür bereit gestellten Ständer gestellt und fest mit einer Kette verbunden. Den Schlüssel steckte ich in meine Tasche. Los ging es, hinein in das kühle Nass, zwischendurch ließen wir uns, auf unseren Handtüchern auf der Wiese liegend, von den Sonnenstrahlen trocknen. Kaum hatte die Sonne ihre Aufgabe erfüllt, sprangen wir wieder hinein ins große Becken. Rasch verging die Zeit und schon wenige Stunden später mussten wir dann an unseren Heimweg denken. Doch oh weh – was auf dem Hinweg so herrlich leicht und einfach war, war jetzt das genaue Gegenteil.

Vom Schwimmbad bis zur Straße, die aus der Stadt zu unserem Ort führte, war die Straße eben – wir radelten locker vorbei an schönen Häusern und unter manch schattigem Baum hindurch. Doch dann kam sie, die steile Straße, die aus der Stadt hinauf zu unserem Dorf führte. Beide fühlten wir uns gut in Form, zwar etwas müde vom Schwimmbad-Besuch, aber dennoch – wir fuhren die ersten 200 m auf unseren Fahrrädern. Dann musste ich zum ersten Mal passen. Ich rief Veronika zu. „Komm wir schieben den steilen Weg hinauf, bis zur zweiten Kurve." – „Ja, geht klar," schallte es mir entgegen. Beide stiegen wir von unseren Fahrrädern und schoben diese durch die sommerliche Früh-Abend-Hitze weiter. „Puh," stöhnte ich innerlich, „ das soll nun endlose 9km so weitergehen?" Doch alles Klagen half nichts. Da mussten wir durch. An der zweiten Kurve wurde die Straße erneut ebener, wir stiegen wieder auf unsere Räder und traten kräftig in die Pedale. Wir kamen gut voran, bis zur nächsten großen Steigung – das Spiel begann von vorn. Schieben, fahren. Schieben, fahren – bei den letzten 2 Kilometern hatten wir Glück – diese konnten wir bis nach Hause radeln. Nach gut 80 Minuten kamen wir mit rotem Gesicht und gut aus der Puste zu Hause an. Jeden Muskel konnte ich spüren, innerlich kochte ich vor Hitze, die langsam schwand. Und dennoch – trotz aller Anstrengung – ich war glücklich! Ein wunderbarer Nachmittag war das gewesen. Es würden weitere folgen und mein treuer Begleiter, mein Fahrrad Winnetou, würde dabei sein.

Die Süßen ins Gläschen!

Der Sommer ist endlich da! Und mit ihm auch die vielen Früchte in Stadt und Land. Bei meiner Freundin aus Schultagen sind es die Erdbeeren, die rot leuchtend die Runde machen. Was gibt es Schöneres, als an einem Sonntag-Nachmittag draußen zu sitzen, mit der Familie, und bei einer guten Tasse Bohnenkaffee ein Stück Erdbeer-Kuchen mit Schlagsahne zu genießen. Kann es da noch eine Steigerung geben? Es kann! Und zwar eine, die auch die Ernte-Zeit der Erdbeeren überdauert – die Erdbeermarmelade!

Wie vor jedem Genuss, stehen die Arbeit und die Vorbereitung – das ist bei einer Erdbeer-Marmelade nicht anders. Der Start-Schuss fällt im Garten – bei Sonnenschein, mit Eimer und Schere bewaffnet, geht meine Freundin Susanne durch die Erdbeer-Reihen. Gebückt, teilweise auf den Knien rutscht sie von Strauch zu Strauch, betrachtet jede einzelne rote Frucht und die reifen wandern in den Eimer. Nach zwei Stunden Pflück-Arbeit ist dann mal Schluss mit der ersten Runde. Mit vollem Eimer geht es in die Küche. Die Früchte werden gewaschen, von noch anhängenden Blättern gesäubert. Bei der dritten Runde heißt es dann, die kleinen wandern so in den Kochtopf, die großen müssen einmal durchgeschnitten werden, damit das Kochen leichter fällt. Mit dem Abwiegen der Früchte wird der Anteil an Gelier-Zucker festgelegt, der mit dem Anteil an Wasser ebenfalls in den Kochtopf wandert. Herd-Platte einschalten und nun gilt es, Geduld zu haben! Marmelade-Kochen braucht Zeit und Muße, stetiges Rühren und Überprüfen der Fruchtmasse. Nach einer guten Stunde ist es dann soweit. Die Gläser, die aus dem Vorratskeller in die Küche gebracht wurden, sind sauber gespült und warten auf ihren diesjährigen Einsatz. Die süße Fruchtmenge wandert portionsgerecht in jedes Glas, schnell den Deckel drauf und umdrehen, damit der Druck die Gläser luftdicht schließt.

Abgekühlt wandern sie in die Vorratskammer oder sie werden, wie in meinem Fall, an Freunde und Familienmitglieder verschenkt. Gestern bekam ich die Ernte 2013 überreicht und bereits heute Morgen habe ich mein Toastbrot mit der roten Fruchtmasse bestrichen – was für ein Genuss und das natürlich rein.

Ein wenig mehr Arbeit verursacht das Gelee. Bevorzugtes Obst ist hierfür die Johannisbeere, die sich als Marmelade gar nicht eignet aufgrund ihrer vielen kleinen Kerne. Wie im Fall der Erdbeere, steht auch hier die Ernte an erster Stelle – der Johannisbeer-Strauch wird nach roten Früchten abgesucht, die gepflückten Früchte gewaschen. Was heute der Entsafter erledigt, war früher eine andere, etwas zeitaufwendige Erfindung. Meine Mutter kochte die Johannisbeeren in einem alten Kochtopf mehr als gar, so dass die Früchte schon beim Kochen einen großen Anteil an Saft produzierten. Anschließend war Geschicklichkeit gefragt, denn die gesamte Masse samt Saft wurde in einen weißen Leinen-Sack gefüllt, der oben offen war. Prompt färbte sich dieser rosa-rot und der aus dem Tuch fließende Saft wurde in einem großen Eimer aufgefangen, der vor Jahren speziell für diese Aktion angeschafft wurde. Nach dem Umfüllen wurde der Sack mit einem Hanf-Seil fest verschnürt und auf einen Fleischerhaken gehängt. Der Sack samt Haken kam dann in den Keller, der Eimer darunter. Viel Geduld musste meine Mutter aufbringen, bis die gesamte Feuchtigkeit sich im Eimer gesammelt hatte. Ab und an wurde der Sack mal von der Seite gepresst, damit das ganze schneller ging, aber unter fünf Tagen war meistens nichts zu machen. War das Ziel erreicht, wurde die Fruchtmasse auf den Kompost entleert, der Sack gewaschen für die nächste Aktion und der Saft mit Gelier-Zucker zu köstlichem Gelee gekocht. Wie bei der Erdbeermarmelade standen auch damals die frisch gespülten Gläser bereit, um diese Natur-Goldstücke einzusammeln – ja, Goldstücke waren und sind sie, denn mit deren Genuss kommt der Sommer selbst im Winter wieder zum Vorschein!

August – Ferienzeit – Getreidezeit

Monat August – heiß und glühend ist fast jeder Tag – Regen fast schon rar! Wir Kinder haben Schulferien und freuen uns, ab und an ins Schwimmbad fahren zu dürfen. Oder mal mit dem Rad eine Runde ums Dorf zu drehen. Ein Ereignis jedoch hält uns Kinder meist noch bis in die Nacht auf Trab. Die Getreide-Ernte! Für die Bauern bedeutete das immer, die Felder so schnell wie möglich zu ernten. Mit der Sonne und ohne Regen! Die Mähdrescher, die die kleinen Bauern von den großen ausleihen konnten, mussten genau mit Tag und Stunde geplant werden. Alles konnte man nicht planen, das Wetter. Für diesen wichtigen Teil war Daumendrücken angesagt. Hoffen wir, dass es hilft!

Aufatmen, als der Wetterdienst bestätigte und grünes Licht gab – für die nächsten fünf Tage – Sonnenschein pur und Temperaturen um die 30 Grad satt! Der erlösende Start-Schuss fiel, auch für die große Hektik in unserem Dorf. Mit den ersten Sonnenstrahlen waren sie zu hören, die Mähdrescher, die von einem Ende des Dorfes zum anderen fuhren, die Traktoren mit ihren Ladewagen im Schlepptau. Auf den gelb leuchtenden Feldern wälzten sich beide Wagen durch die Halme, Staub wirbelte auf und färbte so manchen Platz gelb. Deren Rückweg zurück ins Dorf markierte eine Spur von gelben Getreidekörnern. Die Frauen der Bauern fuhren mit Rechen und Besen der Spur nach und sammelten alles Verlorene ein. Jedes Korn zählte. Das war der erste Streich und der zeitaufwendige folgte zugleich. In unserem Dorf gab es eine zentrale Annahmestelle für Getreide, die von allen Bauern in der Umgebung am Tag der Ernte aufgesucht wurde. Natürlich war an solchen Tagen der Andrang groß. Jeder Bauer, der sein Getreide dort ablieferte, brauchte neben einer guten Ernte auch eine Menge Geduld. Lang war die Warteschlange – Traktor mit Anhänger – einer nach dem anderen säumte die Straßen. Im Gänseschritt ging es nach und nach zur Entladestelle. Je nach Tageszeit wurden die Männer abgelöst, ihre Frauen übernahmen das Steuer und damit die Wartezeit. Nicht ohne vorher ihre Familie mit Getränken und etwas zu

Essen zu versorgen. Als Kind fuhr ich mit meinem Fahrrad immer gerne die Straße auf und ab, um mir das Schauspiel aus der Nähe zu betrachten. Richtig interessant wurde es erst mit Einbruch der Dunkelheit. Wenn an der Abgabe-Station die Scheinwerfer angingen wie auf einer großen Theater-Bühne.

Die Wartenden überbrückten die Zeit mit einem Plausch. Themen gab es genug: Neben dieser Ernte wurde über alles Wichtige diskutiert: Wie die Preise für die Ernte ausfielen, wie die Kartoffelernte wohl werden würde, wer nächstes Jahr heiraten würde. An Themen mangelte es selten. Die heimischen Bauern hatten Heim-Vorteil. Für die Bauern aus den Nachbar-Dörfern klappte die Versorgung nicht so oft und nicht so gut. Kam endlich die Ablösung, konnte sich der Bauer nach Hause schwingen. Um das zu erledigen, was er sich vorgenommen hatte.

War der Traktor dann endlich an seinem Ziel, sprich der Entlade-Station, und der Wagen entleert, war der erste Schritt getan. Der Fahrer oder der Bauer selbst fuhren danach direkt nach Hause. Nach wenigen Stunden Schlaf ging die Ernte weiter und die nächste Warterei auch. Unter solchen Bedingungen gab es sicherlich manchen, der sich ihn herbei sehnte – den Winter – doch bis dahin musste noch so manches Korn geerntet werden.

Schäfer auf der Wiese

Wochen nach Ostern! Draußen ist es zwar noch kühl und der Wind weht um die Ecken. Beim Nachlegen von Holz in den Küchenherd schaue ich aus dem Fenster. Was ist das denn? Da, weit unten auf der Wiese! Viele weiße Wollknäuel bewegen sich langsam vorwärts. Beim genauen Hinsehen entdecke ich – es sind Schafe mit Schäferhunden und zwei Schäfern als Aufsicht! Wie im letzten Herbst!

Bei dem Anblick drängt es mich nach draußen. Als erstes muss ich aber noch meine Hausaufgaben erledigen. Leider, ich seufze kurz auf! Mit dem Zuklappen des Buches geht es los – Alltagshose an und Jacke drüber. Im Gegensatz zu den Schafen laufe ich schnell den Hügel hinunter, denn ich will das Ereignis auf keinen Fall verpassen. Dort vor Ort nehmen mich die Schafe in ihre Mitte, ich streichele dem einen oder anderen über den wolligen Rücken. Selbst das Fell der Lämmer ist nicht besonders weich! Aus diesen Schafshaaren soll mal Wolle werden? Ich kann es kaum glauben. Nebenbei schaue ich den Hunden bei ihrer Arbeit zu. Plötzlich bellt ein Hund und läuft einem Schaf hinterher, dass aus der Herde Richtung Dorf ausgerissen ist. Der Hund bellt das Schaf an, mal von links, mal von rechts, beide führen einen regelrechten Schafstanz auf. Am Schluss gibt das Schaf auf und flüchtet zurück in die Herde. Was tun die Schäfer eigentlich in dieser Zeit? Einer sitzt auf dem Fahrzeug, betrachtet die Gegend und die Herde. Sein Kollege ist da schon aktiver. Er klopft Stecken in die Erde, die er später mit einem Draht verbindet – für die Nachtwache, das weiß ich schon. Was ich mich schon öfters gefragt, aber nie getraut habe, beide danach zu fragen: Wo schlafen die Schäfer nachts? Meine Neugierde nimmt überhand. Soll ich es dieses Mal wagen? Wer wagt, gewinnt! „Wo wir schlafen, willst du wissen? Bei der Herde natürlich!" – „Aha, ist mir irgendwie schon klar, aber wo?", bleibe ich hartnäckig. „In unseren Autos, wir können die Sitze zu Liegen umklappen. Und für das Abendessen machen wir am Rand ein kleines Feuer." Natur pur! Ich könnte beiden noch ewig zuschauen, aber leider! Von meiner Begeisterung dafür sind meine Eltern nicht entzückt. Eine Pflicht heißt: Vor Anbruch der Dunkelheit zu Hause sein. Also stapfe ich den kleinen Abhang wieder hinauf. Aber nicht ohne noch einmal den einen oder anderen Blick auf die Herde zu werfen. Am Schluss kann ich es erspähen – das Feuer brodelt schon, die Herde steht dicht gedrängt zusammen, die Hunde umrunden sie. Der andere Schäfer hängt eine Art Henkelmann über das Feuer. Würde mir ein solches Leben auch gefallen? Keine Antwort – ich bin mir nicht sicher! Doch ich wünsche mir, dass die Schafe am anderen Tag noch da wären. Bei meinen Überlegungen habe ich etwas Wichtiges vergessen – es sind Wanderschäfer. Überrascht, vielleicht etwas traurig, aber nicht verwundert, sehe ich am anderen Morgen ein anderes Bild vor mir. Die Wiese ist leer, von den Schafen ist nichts zu sehen, kein Schäferauto, keine Hunde. Alle sind schon früh, vor dem Sonnenaufgang aufgebrochen, auf der Suche nach dem nächsten Weideplatz. Jedoch zwei Dinge bleiben: die Erinnerung und die Hoffnung auf ein Wiedersehen im Herbst. Damit schnappe ich meine Schultasche und laufe zum Bus – der Alltag ruft.

Gewitterstimmung auf dem Land

„Puh, wie heiß ist es heute wieder!“ Ich stöhne leise vor mich hin. Selbst im Esszimmer, wo das Fenster im Schatten liegt, drückt sich die Hitze durch die Ritzen.

Liebend gerne wäre ich draußen, aber leider, es ist noch keine Ferienzeit. Erst Ende Juni. Sommerferien begannen in meiner Kindheit immer später. Die Schule ruft und die Pflicht auch: Bücher lesen, rechnen und Gedichte lernen! Ach wie anstrengend – ein Donnerstag wie jeder andere auch! Nach dem Abend-Essen heißt es für mich – ab ins Bett – spätestens um 21.00 Uhr. Auch wenn ich glaube, vor lauter Hitze nicht einschlafen zu können, dusele ich doch ein! Kurz vor Mitternacht steht meine Mutter an meinem Bett und versucht alles, mich wach zu bekommen. Ich, im tiefsten Schlaf, blinzele kurz auf und drehe mich noch einmal um. „Los, raus, Claudia, aufstehen, es ist ein heftiges Gewitter draußen! Zieh dich an und komme mit nach unten!“ – „Warum, ist etwas passiert?“, flüstere ich träge. Meine Mutter hält dagegen: „Noch, nicht, aber es könnte, dann müssen wir vorbereitet sein.“ Einige Male schon musste ich diese Szene über mich ergehen lassen. Kein Pardon bei meinen Eltern! Mit „Wozu das Ganze?“ grübele ich darüber nach.

Nach einigen Minuten treffen sich alle Familienmitglieder im Erdgeschoss – einige sitzen im Wohnzimmer, andere in der Küche – und warten. Fasziniert schaue ich den Blitzen nach und lausche dem Donner. Zu nah darf ich dem Fenster nicht kommen. Plötzlich ist der Donner, der auf ein lebhaftes Spiel von Blitzen folgt, heftiger als die anderen. Mein Vater, der hier auf dem Land seit seiner Geburt lebt, erkennt es sofort. „Im Dorf hat es irgendwo eingeschlagen.“ Schon ertönt die Sirene. Zwei Nachbarn, schon in der Feuerwehr-Kleidung, rennen kurz danach zu ihrem Einsatzort. Eine Nachbarin kommt zu uns gelaufen und berichtet: „Bei Ströhers hat der Blitz eingeschlagen, der Stall brennt.“ Kein Wort mehr, die Rettungsaktion beginnt. Viele Männer, die nicht in der Feuerwehr Dienst tun, mein Vater auch, laufen zum betroffenen Bauernhof, wollen das Vieh herausholen. Erfahrung ist hier angesagt, denn das Vieh stellt sich bei Feuer bockig. Er und die anderen Helfer nehmen ihre Jacken und verdecken dem Vieh die Augen. Bei den Schweinen können auch andere mithelfen, denn Schweine rennen bei Gefahr nur. Jedoch müssen sie wieder eingefangen werden.

Mit dem einsetzenden Regen kommt ein wenig Hilfe von oben. Für fast das ganze Dorf wird die Nacht zum Tag. Die Feuerwehr spritzt das Bauernhaus nass, damit das Feuer nicht übergreift. Holz und Heu werden auf einen freien Platz gezogen und ebenfalls nass gehalten. Die Arbeit des frühen Sommers ist dahin. Da müssen die anderen Bauern aushelfen und sie tun es gerne. Die Frauen der Helfer sind ebenfalls aktiv und bereiten etwas zu essen und reichen Getränke. Heißer Tee und Kaffee, aber auch Wasser neben den belegten Brotschnitten stehen bereit. Die Uhr zeigt nach 2.00 Uhr – meine Mutter schickt mich zurück ins Bett. Denn am anderen Morgen ruft die Schule. In dieser Nacht hat das Gewitter seinen Höhepunkt und seine Macht gezeigt. Die traurigen Bilder haben sich bei mir eingeprägt.

Am anderen Morgen, auf dem Weg zum Schulbus, schaue ich nach rechts kurz auf den Hof. Dort, wo es gestern Nacht gebrannt hat, haben die Aufräum-Arbeiten begonnen, der Stall dampft noch ein wenig auf der linken Seite. Handwerker sind gefordert. Doch auch wenn die Bauernfamilie vieles verloren hat, etwas Wichtiges hat mir diese Nacht gezeigt. Ich werde nie mehr fragen, warum ich bei Gewitter aufstehen muss. Nun weiß ich es.

Salzstreuer im Gepäck

Goldene Herbstzeit! In Gold und Rot sind nun die Blätter gefärbt. Fröhlich wirbeln sie vom Baum und bedecken Wege und Straßen. Ich fühle mich in meine Kinderzeit versetzt. Heute wie damals geben die bunten Bäume das Signal für die Ernte. Damals war das für mich die Kartoffelernte. Die Familie meiner Freundin Susanne hatte noch einen Bauernhof und war für jede helfende Hand dankbar. „Würdest du uns dieses Jahr wieder bei der Ernte helfen?“, fragte mich Susannes Mutter eine Woche vorher. „Sehr gern“, stimmte ich zu ohne vorher mit meinen Eltern gesprochen zu haben.

Mit viel Mühe und Überredungskunst bekam ich dann doch die Einwilligung. Denn Ernte und Bauernhof bedeutete für meine Eltern auch seltsame Gerüche, die ich abends mit nach Hause brachte. Mir war das egal. Ich freute mich darauf und eine Woche später, an einem Montagnachmittag, ging es dann los. Mit Gummistiefeln über einer alten Hose und einem Pulli bekleidet, ging ich zu meiner Freundin. Dort stand schon der Traktor bereit, ein altes Modell zwar, aber er fuhr noch. Ich hatte das Glück, dass ich mich neben den Fahrer setzen durfte. Der Traktor fuhr los, er schüttelte mich leicht durch, doch ich war glücklich – denn ich hatte eine Aussicht wie von einem Aussichtsturm – alles konnte ich überblicken. Viel zu kurz war die Fahrt, nach meinem Geschmack, denn schon nach wenigen Minuten waren wir am Ziel. Die Blätter der Kartoffelpflanzen waren bereits welk – ein gutes Zeichen. Als erstes grub der Kartoffelpflug Reihe für Reihe die Kartoffeln von unten nach oben. Jetzt lagen die Kartoffeln in der Sonne für uns bereit. Ich, bewaffnet mit einem Plastikkorb, robbte langsam durch die Reihen und sammelte eifrig die wertvollen Früchte ein. Jeder volle Korb bedeutete 10 Pfennig Erntelohn! Korb für Korb wurde ich ein wenig reicher! In den kurzen Pausen gab es herrliches Herbstbrot zu essen – eine Art Hefezopf mit Rosinen – die Spezialität unseres Bäckers. Mit Erdbeermarmelade und Butter bestrichen gab es für mich nichts Besseres mehr. Oder vielleicht doch? Natürlich, es gab ja noch die Dampfmaschinen, die von Straße zu Straße zogen. Sie dämpften die Kartoffeln für die Schweinemast. Am anderen Tag wanderte ich, bewaffnet mit Salzstreuer und einem Küchenmesser, dieser Maschine hinterher und wartete sehr geduldig. Warten, bis der erste Dampfkessel sich öffnete, warten, bis die erste heiße Luft entflohen war. Dann griff ich in den Topf hinein, zog eine hervor und rief entzückt: „Super, ich habe eine schöne erwischt." Meine Freunde hatten manchmal weniger Glück und schnappten nur kleinere Früchte. Vorsichtig zog ich mit dem Küchenmesser die Schale von der Kartoffel ab – ein wenig Salz darauf streuen, bitte, ich biss hinein und war im Himmel der Herbstkinder. Denn der Geschmack dieser Kartoffeln war einzigartig und verfolgt mich noch bis heute.

„Ach, ist das schön – solche Köstlichkeiten auf offener Straße", schwärmte ich leise. Alles Schöne hatte auch mal ein Ende. Denn wenn langsam die erste Dämmerung aufzog, musste ich nach Hause gehen. Glücklich und zufrieden über diesen schönen Tag, dachte ich: „Hoffentlich habe ich nächstes Jahr wieder so ein Glück – ein solches Herbstglück!"

Wandertag in der Schule

Was erhellt uns Schülern den Schulalltag – kein Unterricht, dafür aber ein Wandertag! Das ist doch toll! Unser Klassenlehrer hat es soeben angekündigt – nächsten Dienstag heißt es für uns nicht Bücher und Hefte packen, sondern den Rucksack für die Wanderung. Welche Strecke sollen wir denn dieses Mal gehen – nun beginnt eine lebhafte Diskussion. Wo überall waren wir schon, was könnte interessant sein? Nach einigen Minuten lebhaftem Geschwätz steht das Ziel fest – durch die Weinberge hinauf zur Starkenburg, einem kleinen Ort zwischen Mosel und Hunsrück, der wie der Name schon andeutet wie eine Burg über dem Moselthal thront. Hoffentlich bleibt uns der Wettergott treu!

Der Dienstag ist da und mit ihm die Klasse, die sich wie verabredet unterhalb der Moselbrücke versammelt hat. Unser aller Daumendrücken hat nicht viel genützt. Der Regen, der in der Nacht anfing, kann an diesem Tag nicht aufhören. Und das ausgerechnet heute. Doch was soll es! Unsere Rucksäcke sind gepackt mit den Sachen, die wir für unterwegs und an unserem Zielort benötigen. Denn die Krönung der ganzen Anstrengung soll ein Picknick in der freien Natur sein mit Würstchengrillen über offenem Feuer. Wenigstens dafür sollte der Wettergott Verständnis haben.

Mit einem „Dann mal los!“ unseres Lehrers fällt das Start-Signal. Lachend, schwatzend, einige auch ganz still, marschieren wir los. Das erste Stück der Wanderstrecke steigt nur leicht an mit einem Weg, wo wir zu zweit oder dritt nebeneinander gehen können. Diese gemütliche Tour hält aber nicht lange an, kurz danach müssen wir uns an Weinbergen auf einem schmalen Pfad hinaufhangeln. Bevor wir im Gänsemarsch diesen Teil erobern, schaut der Lehrer mahnend in die Runde. Mit den Worten „Passt gut auf, links geht es steil hinab! Der Regen hat die Wege aufgeweicht, also kein Risiko eingehen, verstanden!“, sind seine warnenden Worte! Gemeinschaftliches Nicken macht die Runde und manch einer von uns fragt sich: „Ist die Strecke wirklich so gefährlich?“ Ich selbst wandere weiter in Gedanken! Ein lauter Aufschrei hinter mir schreckt mich auf, ich drehe mich um und sehe wie eine Klassenkameradin, Anke, den Hang abrutscht um kurz danach im Gebüsch unterhalb des Weges zu landen. Welch ein Glück, auch wenn es sich um einen Brombeer-Strauch handelt. Seine Dornen haben sie aufgefangen, sonst wäre ihr Sturz länger und gefährlicher geworden. Helfende Hände greifen nach ihr und ziehen sie mit einem Ruck zurück auf den Weg. Wer einmal in einer Brombeer-Hecke gelandet war, kann nun mit Anke fühlen. Sabine opfert ihr Taschentuch und verbindet damit Ankes Hand. Ihre Hose wird gesäubert und notdürftig geflickt. Der Lehrer besieht sich die Verletzungen und fragt: „Glaubst du, es geht so?“ Anke schaut noch etwas ängstlich in seine Richtung, aber sie nickt tapfer. Wir nehmen sie in unsere Mitte und achten darauf, dass sie sicher unser Ziel erreicht. Mit jedem Schritt Richtung Starkenburg nimmt der Regen ab und als wir oben die Grillhütte erreichen, hat sich der Regen endgültig verabschiedet. Der Wettergott will uns sicherlich für unsere Anstrengungen belohnen. Wir suchen Äste für das Feuer, aber auch als Spieße für unsere Würstchen. Anke ruht sich auf einer Bank aus, wir sorgen für sie und ihr Essen. Als das Feuer die richtige Temperatur hat, bestücken wir die Äste mit den Würstchen – wie im Pfadfinder-Leben sitzen wir um das Feuer und grillen diese von allen Seiten. Brote, Salate und Getränke werden ausgepackt und mit jeder gut gegarten Wurst werden die Holztische mehr und mehr besetzt. Lustig schwatzend, den kurzen Zwischenfall vergessend, genießen wir unser Mittagessen. Doch wie bei jedem Aufstieg auf die Berge, gibt es auch einen Abstieg. Obwohl meine Freundin und ich fast zu Hause wären, müssen wir mit den anderen den Rückweg antreten. Sind wir dann alle glücklich und ohne Überraschung wieder an unserem Ausgangspunkt angekommen, dürfen wir unserer Wege ziehen. Schön war es – trotz Zwischenfall. Morgen erwartet uns der Schulalltag – bleiben wir tapfer!

Einen Apfel essen pro Tag …

Und dein Arzt bleibt von dir weit entfernt! Denn du brauchst ihn nicht mehr. So lautet ein altes englisches Sprichwort über die Heilkräfte von Äpfeln, die wir jeden Tag mit Genuss und Schale verspeisen sollen.

Erst die Arbeit, dann das Vergnügen, das ist beim Apfelessen auch nicht anders – gemeint ist hier die Apfel-Ernte. Ende September die frühen und im Oktober die späten Sorten hängen leuchtend gelb-rot oder grün-rot am Baum. Die Blätter sind schon leicht gelb und kündigen damit den kommenden Herbst an. Die Bauern fahren mit ihren Traktoren, vielen leeren Körben und einem besonderen Hilfsmittel, dem Apfelpflücker, auf die Wiesen. Dieses wunderbare Hilfsgerät sieht aus wie eine umgekehrte Krone – oben blinken die Zacken und darunter hängt ein Säckchen – und das Ganze an einer langen Stange. Bei Äpfeln, die hoch in der Baumkrone thronen, kommt sie zum Einsatz. Die anderen werden einfach vom Baum gepflückt. Wie schön anzusehen, wenn sich Menschen freuen, die ihre Körbe Stück für Stück füllen können. Dabei denken sie vermutlich auch, wie vielseitig diese Frucht verwendet werden kann.

Ich denke dabei zum Beispiel an einen köstlichen Apfelkuchen, den die Familie am Sonntagnachmittag mit frisch geschlagener Sahne verspeisen kann. Herrlich, so ein duftender Kuchen. Wenn der Hausfrau nichts zum Mittagessen am Wochentag einfiel, konnte es auch mal ein Apfel-Pfannkuchen sein. Der Pfannkuchen-Teig leicht gesüßt, dünne Apfelscheiben hineingesteckt, von beiden Seiten in einer Pfanne gebacken und aufgehen lassen – fertig ist das Essen. Halt, nicht ganz, ein klein wenig Zucker drüber, das muss schon sein.

Apfel-Gelee – eine Köstlichkeit, die auch weit nach der Ernte unser Leben versüßt. Äpfel werden gekocht, ihr Saft gefiltert und mit Gelee-Zucker angedickt, damit Brötchen und Brot so richtig herbstlich schmecken können. Fällt die Apfelernte zu üppig aus, kann es schon mal sein, dass der Bauer die Äpfel zu einer Safterei bringt, für Apfelsaft pur, rein wie die Natur. Auch heute liebe ich puren Apfelsaft als Getränk, mit Wasser im

Sommer ein herrlicher Durstlöscher. Im Winter erfährt er noch eine andere Verwendung. Wenn es draußen richtig eisig ist und die Temperaturen sich weit unter null befinden, läuft er dem Glühwein manchen ersten Rang ab. Als heißer Saft mit ein wenig Zimt – himmlisch. Apfelringe dünn geschnitten und getrocknet, munden vielen heute als kleiner Imbiss für zwischendurch. Die Kinder schwärmen von ihrem Apfelmus, das die gestampften Äpfel zu einer herrlichen Nachspeise werden lässt. Die Wiener bevorzugen die Äpfel für ihren Apfelstrudel, der mit heißer Vanille-Soße zu einer Köstlichkeit wird, die weit über die österreichischen Grenzen hinaus bekannt ist. Was für Österreich der Strudel, ist für Frankreich ein Clafoutis – zu deutsch eine Apfeltarte. Dünne Apfelscheiben werden mit einem dünnflüssigen Eierteig umrahmt und gebacken – nach guten 20 Minuten duftet es verführerisch aus dem Ofen und die etwas andere Nachspeise ist perfekt. Kleine Äpfel, die noch einen Stängel zieren, haben vielleicht das Glück, als Weihnachtsapfel am Weihnachtsbaum zu hängen. Größere Exemplare verhelfen uns hingegen im Advent zu einem anderen Genuss, mit Honig bestrichen, in einer Bratapfel-Form im Ofen gebacken, dazu ein dampfender Tee – auch bei diesem Anblick ist uns der Himmel nah. Ach, diese Liste könnte ich noch mit vielen anderen Köstlichkeiten verlängern. Etwas anderes ist auch gewiss: jeder Apfel, der geerntet wurde und noch nicht seine endgültige Verwendung gefunden hat, wird kühl und trocken im Keller gelagert. Denn der Vorrat soll ja ausreichen bis zur nächsten Ernte. „Warum denn das?“, wird sich manch einer fragen. Die Antwort ist doch einfach, denn damit könnten wir vermeiden, dass der Arzt doch irgendwie zum Einsatz kommt. Ist das nicht ein schönes Sprichwort, das die Engländer über den Apfel in aller Munde führen und wie wahr! Probieren Sie es doch einfach aus!

Einen Drachen steigen lassen!

Die ersten Blätter wirbeln im Sturm der Zeit und die Temperaturen kündigen ihn an, den Herbst. Die Tage werden zusehends kürzer, somit ziehen sich die Menschen viel zu oft in ihre Häuser zurück. Jedoch eine kleine, ganz bestimmte Gruppe wartet mit großer Sehnsucht auf ihn, den Wind. Es sind die Kinder, die nun endlich ausprobieren wollen, was sie vor Wochen zusammen mit ihren Vätern, Müttern oder in der Schule gebastelt haben. Einen Drachen, nein, nicht irgendeinen, den Drachen! Holzspäne als Gerüst bilden die Basis. Buntes Papier selbst zusammengeklebt, manchmal furchterregend angemalt, aber auch fröhliche Gesichter zieren seine Flügel. Ein bunter Schwanz bildet den Abschluss; für die Verbindung zwischen Halter und Drachen sorgt eine Kordel, die jede Bewegung mitmachen soll und auch wird.

An einem Wochentag bei leicht stürmischem Wetter ist es soweit. Die Hausaufgaben für die Schule sind erledigt. Jetzt kann es losgehen, eine Jacke überziehen, festes Schuhwerk an den Füßen und in der Hand halte ich mein stolzes Werk: einen wunderschönen Drachen aus rot-gelbem Pergament, auf dessen Breitseite ich ein hübsches Clown-Gesicht geklebt habe. Dieses Jahr wollte ich einfach mal einen fröhlichen Drachen fliegen lassen, der gegen all die grauen Wolken ankämpft. Mit einer Freundin wandere ich los – nicht weit von uns liegt eine gemähte Wiese, auf der sich auch kein Strommast befindet. Das war die stete Mahnung von unseren Eltern. Wir sehen uns um und sind erleichtert – alles frei! Nun kann der Spaß beginnen. Mit einer kleinen Münze losen wir aus, welcher Drachen zuerst in die Luft soll. Denn einer von uns muss ihn ja halten, so lange er noch nicht vom Wind getragen wird. Ich habe Glück – ich darf als erstes. Somit bekommt meine Freundin den Drachen waagerecht in die Hand gedrückt, ich wickele etwas Kordel auf und gehe soweit vor, bis die Kordel straff gezogen ist. Ich zähle bis zehn, wie vereinbart, und mit einem lauten „Los" rennen wir beide über die Wiese. Ich spüre an der Kordel wie mein Drachen Wind bekommt und ehe ich mich umdrehe, bin ich mir fast sicher, dass meine Freundin ihn losgelassen hat und er steigt. Meine Erwartungen ebenfalls – nichts kann mich bremsen. Mit der Kordel fest in der Hand drehe ich mich um. Und ich erblicke ihn, meinen Drachen, wie er hoch in den Lüften schwebt. Für einen kurzen Augenblick bleibe ich stehen. So glücklich, so froh, bin ich – mein Drachen fliegt und wie er fliegt! Es hat geklappt! Doch ausruhen ist nicht möglich - die Arbeit geht weiter – denn nun gilt es, den Drachen in der Luft zu halten und mit dem Wind zu wenden. Anfangs geht alles ganz wunderbar, plötzlich kommt jedoch eine kräftige Böe unter den Drachen, ich spüre es, wie er abzustürzen droht! Nein, das darf einfach nicht sein. Ich brauche Hilfe und zwar sofort. Jemand, der mit mir den Drachen an der Kordel hält. Meine Freundin steht bereit, sieht mich mit der Kordel kämpfen, doch sie tut einfach nichts. Mit trockenem Mund rufe ich ihr zu „Helf'mir doch, bitte!" Endlich erwacht sie aus ihrer Erstarrung – sie läuft auf mich zu. Gemeinsam halten wir mein Werk, für einige wenige Minuten scheint alles gerettet. Jedoch kurze Zeit später zerfällt meine Hoffnung: mein Drachen fällt vom Himmel. Kopfüber landet er im Gras! Mit Angst im Bauch renne ich auf ihn zu. Ist er kaputt? Ich betrachte ihn genau und bin erleichtert – mein Drachen wäre für einen zweiten Start bereit. Doch erst muss ich meiner Freundin zu ihrem Drachenglück verhelfen. „Versprochen ist versprochen und wird auch nicht gebrochen!" – auch wenn es als Kind oft schwer ist, geduldig zu sein.

Ein Glas'l Wein – das ist fein!

Er wird besungen, er wird getrunken,
er verbindet Freunde und besänftigt Feinde!
Er steht für Romantik, Liebe und zärtliches Beisammensein – der Wein!
Was seine Genießer jedoch meist vergessen,
möchte ich hier noch einmal in Worte pressen.
Denn wie so oft bei einem Vergnügen gewachsen in der Natur,
steht am Anfang die Arbeit pur!
Was nur der Herbst schafft in diesen Tagen,
den Mensch zu erfreuen, gleichzeitig füllend seinen Magen,
jetzt und hier und im fernen Winter als Quartier,
strahlen Feld und Wiesen farbenfroh durch's Revier!
So ist verständlich, in dieser Zeit,
Menschen halten als Helfer zur Ernte sich bereit!
Gilt doch die Weinlese als Vergnügen pur,
jedoch nicht immer, das liegt in der Natur!
Wenn sehr früh an sonnig-nebligen Ernte-Tagen,
die Helfer werden hinaus gefahren!
Durch Weinland-Hügel mit Trauben reichlich bestückt,
ist jeder, ob Mann, ob Frau, mehr als entzückt!
Für den Einzelnen ist es dann keine Qual,
zu lesen alle Trauben auch das ist klar!
Manch Wanderer oder Spaziergänger beim Betrachten der Arbeiter denkt,
mit welch einer Mühe sich diese Truppe durch die Reihen zwängt,
dann sollte er hören und besser lauschen,
beim Vernehmen von Witz und Freude, er würde gerne mit ihnen tauschen!

An solchen Tagen die Weinlese ihr bekanntes Bild erhält,
was selbst große Dichter mit ihren Werken die Welt erhellt.
Doch weh, wenn Petrus hat schlechte Laune ab und an,
mit Kälte und Regen das Tageswerk zur Mühe werden kann!
Dann auf jede Stunde und Minute wird geschielt,
die Mann oder Frau näher zum Feierabend führt!
Wenn selbst heißer Kaffee oder Tee,
nicht bringt die Wärme bis in den kleinsten Zeh.
Muss nach Arbeitsschluss die Badewanne her mit heißem Guss,
so dass Muskeln und Körper Erholung finden muss!
Der Helfer kann genießen die Stunden bis zur Schlafenszeit,
der Abend für den Winzer hält weitere Arbeit bereit.
Die Trauben, die geernteten, sind in die Presse einzufüllen,
Scheren, Traktor und der Trog mit Wasser abzuspülen,
damit alles ist bereit für das Werk am nächsten Tag,
wie das Wetter auch wird, sicherlich keine Plag.
Denn eines bleibt gewiss in unserer Welt, der bunten,
ein Glasl' Wein wird stets uns munden.

Flotte Lotte – nimmt jede Apfelsorte

Wer bei dem Namen „Flotte Lotte“ von einem hübschen Mädel träumt,
hat sicherlich in seinem Leben etwas versäumt!
Die Menschen von heute werden sie kaum kennen
oder sie nicht bei ihrem Kosenamen nennen!
Gemeint ist ein feines Sieb, worüber dicht eine Metallplatte sich dreht,
das aus gekochten Äpfeln dann ein feines Apfelmus lässt entsteh'n.
Nicht nur für Apfelmus in der Herbstzeit dieses Wundermittel ihren Einsatz fand,
sondern auch Spinat, Rübenmisch und Früchtegrütze mit ihrer Hilfe entstand.
Als Kinder wurde uns diese Tätigkeit übertragen pur,
im Herbst gekochte Äpfel einfüllen, natürlich kleine Portionen nur!
Großes Fassungsvermögen von diesem Sieb – daran war nicht zu denken,
durften wir Küchenhelfer doch manche Stunde mit ihr verschenken.
Denn ein Geschenk, das war es – so ein Apfelmus aus Lotte's Stand,
was alles an Genüssen, den Weg in unseren Magen fand.
Meine Mutter füllte mit Apfelmus, wenn kein anderes Obst mehr zur Stelle,
den Tortenboden voll – verziert mit Schlagsahne aus einer kleinen Kelle,
konnte diese Art von Kuchen mit jeder Erdbeer-Torte konkurrieren,
Und erst recht als Beigabe zu Reibekuchen/Riewekuche das Gericht verzieren.
Als Nachspeise mit Vanille-Soße angereichert uns im Winter dann serviert,
so lecker, dass wir als Kinder oft unsere Mutter mit „Dürfen wir noch“ genervt.
Dies alles ist in meiner besten Erinnerung geblieben als ich meine Familie fragte,
„Habt ihr sie noch, irgendwo im Keller oder Speicher?“ nach einer Antwort klagte!

Keine Chance, nichts zu finden, um sie wieder zum Einsatz zu bringen,
denn meine Familie nicht viel hält von alten Sachen und solchen Dingen.

Ich enttäuscht mit einem Stampfer meinen Apfelbrei verfeinern muss,
er jedoch nicht die Feinheit hatte, welch ein Verdruss!
Bis zu einem Samstag in Frankreich ich beim Einkaufen war,
wie der Zufall es wollte, meine Runde auch die Haushaltsartikel betraf.
Was sahen meine Augen und sie erleuchteten hell und pur,
fand ich die „Flotte Lotte" genauso wie in meinem Gedächtnis vor.
Ausgestattet mit zusätzlichen Scheiben für manch anderen Gebrauch,
kann ich nun mein Apfelmus zubereiten wie in meiner Kindheit auch!
Soll noch einer sagen, dass in der heutigen Zeit der Elektronik,
alte Techniken nicht mehr sind gefragt, da viel zu schwierig!
Für solche Genüsse ist man offen, diese wieder zu ihrem Einsatz zu lotsen,
sogar wieder herzustellen, und somit auch mal dem Modernen zu trotzen.

Kastanien lieben Mensch und Tier

Herbstzeit – Erntezeit. Überall sieht man fleißige Menschen, die all das einsammeln, was Mann oder Frau im Frühjahr in die Erde gesteckt haben. Was auch bedeutete, dass diese Zeit mit eine der aktivsten vor dem langen und ruhigen Winter war. Jedoch nicht nur die Erwachsenen waren in dieser Zeit unermüdlich. Als Kind war auch ich stetig am „Einfahren", aber nicht mit dem Traktor, sondern mit dem Fahrrad.

Der Alltag eines Schulkindes war zur jener Zeit gut durchgeplant und auf dem Dorf besonders. Nach der Schule ging es heim, man verspeiste das von der Mutter bereitgestellte Mittagessen. Im Anschluss ging es ran an die Hausaufgaben des Tages, die erledigt werden mussten, oft aber auch die der kommenden Tage. In der Herbstzeit stieg dabei meine Ungeduld, so schielte ich öfters als sonst auf die Wohnzimmer-Uhr. Der Herbst ließ die Tage kürzer werden, was auch bedeutete, dass meine Freizeit nach der Schule und den Hausaufgaben zeitlich eingeschränkt war. Endlich, mit einem Seufzer und dem Zuklappen des Deutsch-Buches war es soweit. Alles für die Schule erledigt – für heute. Schnell in die Alltags-Hose und Pulli schlüpfen, Jacke überziehen, Korb aufs Fahrrad schnallen und ab ging es ins Dorf. In der Nähe des Dorf-Platzes lag der Hof eines wohlhabenden Bauern. Was uns Dorf-Kinder im Herbst an diesem Hof interessierte, war der in der Nähe der Scheune wachsende Kastanien-Baum. Dieser Baum barg den Reichtum, der zum Ziel von vielen Dorfkindern wurde, auch von mir. Ich stellte mein Fahrrad in der Nähe des Baumes ab und schnappte mir meinen Korb. Als erstes suchte ich gewissenhaft den Boden nach den gefallenen Kastanien ab. War nach einiger Zeit nichts mehr auf dem Boden zu sehen, war ein stabiler Ast mein Ziel. Gesucht, gefunden. Mit Schwung und der mir zur Verfügung stehenden Kraft, schleuderte ich diesen in die Spitze der Baum-Krone, wo noch die herrlichsten Kastanien unerreichbar thronten. Diese mit dem Ast zu Fall zu bringen, dazu gehört schon einiges an Erfahrung und Talent. Wie im Leben auch, war nicht jeder Wurf ein Erfolg. Manchmal flog der Ast weiter als gewollt, streifte ab und an den Gartenzaun des Bauern oder dessen Anhänger am Traktor. War dies der Fall, zuckte ich angstvoll zusammen, schielte in Richtung Fenster und Hoftür. Niemand von der Familie zu sehen! Puuh, welch ein Glück! Eine Beschädigung, in welcher Form auch immer, hätte für mich ein Verbot für die kommenden Tage bedeutet. Das durfte auf keinen Fall passieren. Denn jede Kastanie mehr erhöhte mein „Herbstgeld". War der Korb oder die Tüte voll, ging es abends zum Förster des Dorfes. Ich klingelte, er öffnete und wusste mit einem Blick, was mein Anliegen war. „Warst du wieder fleißig?", war seine Frage, wenn er die Tüte entgegennahm. Er wog sie ab, dieses Natur-Winterfutter für das Wild im Wald. Jedes Kilo wurde mit DM 0,10 (damals noch Pfennig und Mark) belohnt – ein Reichtum für uns Kinder. Auszahlung erfolgte sofort bei Abgabe. Genau das erklärte, warum in der Herbstzeit meine Unruhe am Nachmittag wuchs. Sollten nämlich die anderen Kinder schneller gewesen sein als ich, gab es für mich nichts mehr zu sammeln. Was auch hieß: Keine Kastanien – kein Geld. Dieser Kastanienbaum beim Bauern in der Mitte des Dorfes war jedoch nicht der einzige. Mit dem Fahrrad fuhren wir Dorf-Kinder im Herbst alle uns bekannten Stellen ab und auch hier galt der Wahlspruch „Wer zuerst kommt, malt zuerst." Naja, malen will ich nicht, doch auch für das Sammeln war Schnelligkeit ein Plus.

11. November – St. Martin kommt!

Es ist November, die ersten Tage versinken im Nebel. Die Sonne sucht ihren Weg durch das dichte Grau zu finden. Gegen Mittag erst hat sie meist ihr Ziel erreicht und der Tag ist ein wenig gerettet. Als Kinder half uns etwas ganz Besonderes über dieses Grau hinweg. Wir zählten die Tage bis dahin. Für welches Ereignis? Den des 11. November. Der Tag, der dem heiligen St. Martin gewidmet ist. In der Grundschule wurde uns die Geschichte vom barmherzigen Soldaten Martin oft erzählt. Stationiert in Amiens (Frankreich) ritt er eines Nachts durch das Stadttor, wo ein ausgehungerter Mann, fast ohne Kleidung, die Menschen um milde Gaben bat. Doch keiner half dem Mann. Martin hatte Mitleid und teilte seinen Mantel. Einen Mantel, der noch nicht einmal ihm gehörte, sondern der Armee. Da er später Christ und erst in den letzten Jahren seines Lebens Bischof wurde, wurde aus ihm St. Martin. Diese Barmherzigkeit wird jedes Jahr mit einem Umzug neu belebt. Auch ich erinnere mich an einen solchen Abend als Kind. Tage vor dem Ereignis waren wir in der Schule mit dem Basteln der Laternen beschäftigt. Jedes Kind bekam einen schwarzen Fotokarton, der Lehrer heftete eine Skizze an die Tafel. Mit Schere und Uhu-Kleber bewaffnet fiel der Startschuss. Während die einen Kinder einfache Kreise oder Sterne in den Karton schnitten, gab es andere, die ihre mit Figuren zierten. Gleich blieb allen, dass sie die Löcher dann mit buntem Transparentpapier abdichteten. Der Stern wurde gelb, ein Herz rot und war auch mal eine Wolke darunter, diese konnte schon mal blau sein. Wie stolz waren wir, wenn wir unsere Prachtstücke dem Lehrer vorstellten und er uns lobte. Wie würden erst unsere Eltern staunen! Am Abend des 11. November konnten wir es kaum erwarten, bis die Kerze, die in der Mitte der Laterne stand, angezündet wurde. Ja, damals waren es richtige Kerzen, die in den Laternen glühten. War es dann mal windig oder das Kind achtete nicht richtig auf seine Laterne, war diese rasch verbrannt. Die ganze Arbeit umsonst. Ein Mitschüler, Stefan, aus meiner Klasse war damals davon ein Opfer geworden. Die brennende Kerze fiel in seiner Laterne um, sie ging rasch in Flammen auf! Das Werk zerstört und er selbst auch. Die Tränen flossen unablässig an seinem kleinen Gesicht herunter. Er war nicht zu beruhigen, selbst seine Eltern konnten es nicht. Wir gingen weiter bis zum Ende unseres Weges, wo ein großes Martinsfeuer den Abschluss des Abends brachte. Moment, da fehlte etwas. So geht es doch nicht! Haben wir uns nicht eine Belohnung verdient? Wir hatten – den Martins-Bretzel – gezuckert – er schmeckte uns mit einer Tasse heißen Kakao. Selbst die Tränen von Stefan versiegten, als er seine Bretzel erhielt. Unsere Eltern blieben bei heißem Tee oder Kaffee, je nachdem, was in der Kanne war. Andere Erwachsene verbanden mit diesem Tag eine andere Tradition – das Martinsgans-Essen. In Restaurants, die diese mit Kartoffel-Klößen und Rotkohl servierten. Mmmmh, wie lecker! Aber eine Gans kam doch in der Geschichte des Bettlers gar nicht vor? Halt, die Martin-Geschichte geht ja weiter. Die Menschen von Tours wollten Martin schon sehr früh zum Bischof ernennen. Der bescheidene Martin wollte dies aber nicht. Der Legende nach versteckte er sich in einem Gänse-Stall. Die Gänse schnatterten so laut, dass Martin entdeckt wurde. War dies der alleinige Grund für diesen Schmaus an diesem Tag – wer weiß es heute noch. Ich weiß nur, dass ich mich heute noch am 11. November an den Martins-Bretzel erinnere. Wird er in einem Café oder in einer Bäckerei angeboten, kann ich selten widerstehen. Mit einem guten Rezept könnten wir ihn auch selbst backen – wollen wir es mal versuchen?

Nikolaus-Abend

Mit Beginn des 1. Advents schaute ich sehnsuchtsvoll auf einen Kalender – den speziellen Adventskalender in unserem Wohnzimmer. In unserer Familie gab es für alle Kinder, wir waren vier, einen Adventskalender zusammen, jeden Tag durfte ein anderes Kind das Türchen mit der entsprechenden Nummer öffnen. Dadurch wurde der Adventskalender für uns noch kostbarer. Er versüßte uns auch die Wartezeit auf den großen Abend – den Nikolaus-Abend.

Am Abend des 05. Dezember mussten wir Kinder unsere Schuhe auf den großen Empfang des wohltätigen Mannes vorbereiten. Dies begann am Nachmittag. Direkt nach der Schule bewaffneten wir uns mit dem Schuhputz-Kasten und knieten in der Kellertür nieder. Hier putzten und polierten wir eifrig unsere Stiefel und größten Schuhe. Dabei dachten wir darüber nach, was uns wohl der Nikolaus dieses Jahr bringen würde. Um unseren Putzeifer zu erhöhen, hatte unsere Mutter uns erzählt, dass der Nikolaus seine Gaben nur in sauber geputzte Schuhe legen würde. Daher schaute sie sich unser Werk immer an, bevor wir sie dann auf den angewiesenen Platz stellten. Ihr Lächeln und ihr Nicken war der Dank für unsere Mühen – erste Hürde geschafft.

Nach dem Abendessen stellten wir die Schuhe in den Flur – ein Paar neben das andere genau in der Reihenfolge der Geburtstage der Kinder – so dass sich der Nikolaus auch nicht irren konnte. In jenem Augenblick war ich immer sehr aufgeregt und stupste meine Stiefel noch ein bis zweimal in die richtige Reihe. Noch einen letzten Blick darauf – immer mit der heimlichen Frage im Hinterkopf: „Wird der Nikolaus auch wirklich kommen – hat er uns auch nicht vergessen?“ Mein Bruder und ich haben uns damals gegenseitig ermutigt. „Er wird schon kommen! So viel Schnee liegt draußen ja noch nicht.“

Auch wenn ich es nicht wollte, sogar an diesem wichtigen Abend gab es keine Ausnahme. Ich musste zeitig zu Bett gehen. Doch wie soll man in einer solchen Nacht schlafen. Langsam schlich ich die Treppe nach oben, mein Herz schlug ganz laut und ungeduldig. Die Gedanken an den großen Unbekannten, den bis heute noch niemand gesehen hat, kreisten weiter in meinem Kopf. Denn ich wollte das wichtige Ereignis auf keinen Fall verpassen.

In meiner Not fing ich an die Blumen, die sich auf der Tapete mir gegenüber befanden, zu zählen. „Bleibe ich wach, bis er kommt?", lauschte ich angestrengt in die Dunkelheit. Jedes Geräusch, das ich von draußen vernahm, versuchte ich einzuordnen. Hier ein Klirren, dort ein Schnarren, hoppla, da bremst doch ein Auto – aber der schnelle Sprung zum Fenster brachte keine neue Erkenntnis.

Also wieder zurück ins Bett und weiter warten. Mit jeder Blume mehr, die ich an der Wand sah und zählte, wurde ich müder. Ehe ich mich recht besinnen konnte, war ich eingeschlafen, wieder einmal.

Es war meine Mutter, die mich am anderen Morgen aus meinem Schlaf weckte. „Claudia, aufstehen, der Nikolaus war in der Nacht da." Ein großer Sprung aus dem Bett, hinein in die Pantoffel und in den Morgenmantel und schon lief ich unsere Holztreppe hinunter in den Flur. Und tatsächlich: Hier standen unsere Stiefel aufgereiht und gefüllt mit allerlei Süßigkeiten. Doch von dem großen, weißen Mann keine Spur mehr. Meine Frage, ob sie den Nikolaus gesehen hätte, verneinte meine Mutter ebenfalls. Jetzt musste ich wieder ein ganzes Jahr warten, ehe ich diesen Mann zu sehen bekam. Denn ihn mal zu treffen, wäre wichtiger als die Geschenke, die er gebracht hatte. Einmal diesen Mann sehen und mit ihm reden! Nun blieb mir nur die Hoffnung auf das nächste Jahr.

„Wir rufen nochmal an!“

Das Telefon – heute hat fast jeder ein Telefon zu Hause, eins für unterwegs, der andere hat sogar eins in seinem Ferienhaus. Diese Beispielreihe lässt sich beliebig fortführen. Was heute für uns selbstverständlich ist, war auf dem Dorf, wo ich groß geworden bin, eine Rarität, ein richtiger Luxus.

In unserer Straße hatte nur eine einzige Familie einen Telefonanschluss. Ein schwarzer Kasten hing an der Wand, der Telefonhörer, schwarz mit schwarzem Kabel, hing – wie sollte es auch anders sein, auf einer schwarzen Gabel. Die Wählscheibe war durchsichtig und die Ziffern stachen in weiß von dem schwarzen Hintergrund hervor. Es gab auch einen guten Grund dafür, dass genau dieser Nachbar ein Telefon besaß. Er arbeitete für den Straßendienst und musste im Winter öfters mal nachts gerufen werden, um Straßen von Schnee und Eis zu befreien. Das kam in den Wintermonaten, wie ich sie noch kennengelernt hatte, häufiger vor.

Die Verbindung meiner Mutter mit ihrer Verwandtschaft im bergischen Land wurde zu jener Zeit durch Briefe und Karten gepflegt. Telefonieren ging nicht – nur im äußersten Notfall sollten sie bei unserem Nachbarn anrufen. Diese Regelung gaben unsere Eltern auch jedem von uns mit auf den Weg.

Es war damals genau zur Winterzeit, draußen war es eisig kalt, der Wind pfiff bei uns durch den schmalen Schlitz zwischen Fußboden und Haustür hindurch. Daher hatten wir meist Decken gegen den Schlitz gelegt. An diesem sehr ungemütlichen Abend, meine Eltern und ich saßen bereits in Schlafkleidung auf dem Sofa, hörten wir schwach ein Klopfen an der Haustür. „Ist sicherlich nur der Wind“, bemerkte mein Vater. Keiner stand auf, um nachzusehen. Dann klopfte jemand von außen an die Fensterscheibe. „Ich bin es, Helga Pauly, macht mir doch bitte auf – ich muss euch etwas Wichtiges sagen!“ Blitzschnell sprangen meine Eltern von ihren Sitzen auf. Das hatte ich bisher noch nie erlebt. Sie suchten unter dem Wohnzimmertisch nach ihren Pantoffeln, meine Mutter zog sich den Morgenmantel über. Der schwere Haustür-Schlüssel aus Gusseisen kam zum Einsatz. Meine Mutter steckte ihn ins Schloss, drehte zweimal nach links und zog die Tür auf. „Komm rein in die Wärme", bot meine Mutter der Nachbarin an. Helga trat durch die Tür und ging nur zwei Schritte bis zum Wohnzimmer-Eingang. Dort fühlte sie die angenehme Wärme des Holzfeuers. „Heute Abend hat jemand aus Bergisch-Gladbach bei uns angerufen. Es war eine Frau – sie sagte, dass sie deine Schwester sei." Mit diesen Worten schaute Helga meine Mutter an. „Sie hätte dir etwas Dringendes zu sagen und sie würde in 20 Minuten bei uns erneut anrufen." – „Ach, du liebes bisschen", rief meine Mutter. Kurzer Blick auf die Uhr – ihr blieben noch genau 15 Minuten. Rasch ging sie nach oben, zog sich an, im Flur hing noch der Mantel vom Morgen. Die Stiefel standen ebenfalls dort, sie wurden nun über dicke Socken gezogen. Um ihren Hals band meine Mutter noch einen dicken Schal und dann stapften beide Frauen hinaus in die Kälte und durch die dunkle Nacht. Bis zu dem Haus unserer Nachbarn ging man nicht mehr als 3 Minuten – vielleicht bei dieser Witterung zwei Minuten länger. Wichtig war, dass meine Mutter rechtzeitig am Ort des Geschehens eintraf, als das schwarze Telefon erneut klingelte. Helga nahm zuerst den Hörer und sprach, „Ja, sie ist hier – ich reiche den Hörer weiter." Sagte es und drückte meiner Mutter den Hörer in die Hand. Still schweigend verzog sich Helga in die Küche und zog die Tür hinter sich zu, sie wollte ja nicht neugierig sein. Aber was soll es. Meine Mutter erzählte natürlich vom Anruf beim Dankeschön darüber. Kurz danach wünschte man sich gegenseitig eine gute Nacht und ging seiner Wege. Für meine Mutter hieß es, noch einmal durch die Kälte zu der heimischen Wärme zu gehen.

Das Christkind backt Plätzchen

Als ich ein Kind war, war das die Aussage meiner Mutter, wenn ich sie fragte, warum der Himmel sich so rot färbte am Abend. Und das meistens in der Zeit vor Weihnachten – also der bekannten Adventszeit. Dann hieß es auch für uns mit den Vorbereitungen für das Fest des Jahres zu beginnen.

Tage vor dem ersten Advent wurden das Wohnzimmer, aber auch die anderen Räume in weihnachtliche Stimmung versetzt. Der Adventskranz duftete mit grünen Tannennadeln und brachte uns den Wald ins Wohnzimmer. Engel, Nikoläuse, angemalte Nüsse und Figuren aus Nussschalen zierten den Kranz zusätzlich. Doch was immer aufgefüllt sein sollte und nicht leer sein durfte, war der Plätzchen-Teller. Es war ein wunderschöner, mit Weihnachtsmotiven angemalter Porzellan-Teller, der entweder auf dem Nebentisch an einem Sessel oder auf der Vitrine stand. Meistens hatten wir zwei davon im Weihnachtskarton aufgehoben.

Am Samstag vor dem ersten Advent ging es dann los – unsere Weihnachtsbäckerei wurde eröffnet. Meine Mutter fertigte den Teig an – meistens einen Rührteig für die Plätzchen, die sich Spritzgebackenes nannten. Wir fertigten oft zwei Sorten an – die einfache und unter die andere Sorte wurden gemahlene Nüsse gemischt, von dem Walnuss-Baum aus der Nachbarschaft. Der Baum stand an der Straße, bot zwar im Sommer einen großen, schattigen Platz. Jedoch im Herbst, wenn die Blätter und die Nüsse fielen, beschwerte sich die ganze Nachbarschaft. Die Nüsse wollte keiner haben, daher durften wir diese aufheben. Köstliche Walnüsse – was kann man daraus alles fertigen – Plätzchen zum Beispiel. In der Weihnachtsbäckerei halfen wir Kinder natürlich gerne mit. Wir banden uns die Küchenschürze um, damit unsere Kleidung nicht schmutzig wurde. An unserem schweren Esstisch aus heller Eiche wurde eine Tischplatte hervorgezogen, damit wir mehr Platz zum Ausrollen hatten. Die Stühle vor dem Tisch dienten als Backblech-Halter. An der Tischplatte wurde ein Fleischwolf aus schwerem Eisen wie in einer Metzgerei angeschraubt. Das

Gewinde blieb drin, ausgetauscht wurde vorne der Hackfleisch-Aufsatz gegen einen anderen, kleineren Aufsatz, durch deren runde Öffnung die verschiedenen Spritzgebäck-Motive durchgedreht werden konnte. Es gab Sternmuster, Rillenmuster, aber auch ein rundes Motiv war dabei. Die Backbleche wurden leicht mit Butter oder Sanella, je nachdem, was der Kühlschrank bot, eingepinselt.

Vorbereitungen abgeschlossen – dann konnte es losgehen. Unsere Mutter stellte uns den leicht gekühlten Teig neben die Maschine. Wir nahmen kleine Portionen davon, stopften sie in die obere Öffnung des Fleischwolfes und drehten munter darauf los. Die einzelnen Plätzchen sollten eigentlich immer die gleiche Länge haben, jedoch am Anfang waren diese meistens unterschiedlich lang und dick. Mit der Zeit hatten wir den Bogen raus. Unsere Mutter kontrollierte ab und zu unsere Arbeit, nahm die vollen Bleche in Empfang und schob sie in den vorgewärmten Backofen. Schon eine Viertelstunde später lagen sie vor uns, die wunderbar duftenden Plätzchen in ihren schönsten Formen. Bei Vanillekipferl, die meine Mutter auch liebend gern backte, streuten wir den Puderzucker drüber. Beim einfachen Spritzgebäck tunkten wir die jeweiligen Enden in die flüssige Bitter-Schokolade und legten sie dann zum Trocknen anschließend auf Pergament-Papier. Wenn die Plätzchen gut ausgekühlt waren, begann die Schlussarbeit. Die Plätzchen wurden vorsichtig in Blech-Dosen gefüllt. Deren Aufschrift zeugte noch von den Jahren nach dem Krieg, wo Blech-Dosen für die Aufbewahrung von Lebensmittel üblich waren. Wunderschöne Dosen, eine mit Dr. Oetker-Aufschrift, die andere war eine Kaffee-Dose in der Vergangenheit und hatte nun eine neue Aufgabe: Plätzchen-Dose! Klar wurden nicht alle Plätzchen in die Dosen gelegt, einige wanderten am Back-Tag auf den besagten Plätzchen-Teller als Kostprobe für meine Brüder und meinen Vater. Meine eigene Kostprobe hatte ich mir schon selbst gesichert. Ein von mir selbst festgelegter Helferlohn während der Arbeit – ich fand dies mehr als gerecht.

Juchhu, eine Schlittenfahrt!

Leise rieselt der Schnee! Manchmal am Tag, doch meist über Nacht. An einem Abend stehe ich wie gefesselt am Fenster unseres Schlafzimmers und schaue hinaus. Oder zumindest ich versuche es, denn unsere Fenster haben kein Doppel-Glas und sind mit vielen weißen Eisblumen bestückt. Eifrig halte ich meine Finger ans Eis und warte mit Ungeduld auf eine kleine Lücke! Um sie zu sehen – die Schneeflocken, die sanft und fast tänzelnd vom Himmel fallen.

Unser Vorgarten, der gestern noch in der Farbe grau und schwarz zu sehen war, bedeckt nun eine wunderbare, weiße Schicht. Mit jeder Stunde und mit jeder Schneeflocke mehr, steigt in mir die Hoffnung – auf eine Schlittenfahrt.

Es ist Anfang Dezember – die Vorweihnachtszeit hat begonnen. Bereits Ende November haben wir alles vorbereitet – unsere Schlitten sind aus der hintersten Ecke der Scheune nach vorne gebracht worden. Wir Kinder haben mit einem in Öl getränkten Lappen die Eisenschienen blank poliert. Der Holz-Sitz wurde entstaubt. Alles klar! Was fehlt ist nur noch der Schnee und die freie Zeit.

Am nächsten Tag, es sind über Nacht 10 cm Neuschnee gefallen, hoffe ich, dass mir die Schule nicht allzu viele Hausaufgaben aufgibt. Die Lehrer haben anscheinend ein Einsehen mit uns – nur wenig ist für den nächsten Tag zu erledigen. Kurz nach drei Uhr darf ich mich ins Vergnügen stürzen. Erst kommt jedoch die Vorbereitung. Die Hose und der Pullover werden getauscht – statt der einfachen Hose für drinnen, ziehe ich nun eine Lederhose an. Nicht gerade schick, aber praktisch, besonders dann, wenn man vom Schlitten in den Schnee fallen sollte. Bommelmütze über die Ohren, Handschuhe über die Hände, in die Scheune den Schlitten holen – nichts wie los. Weit muss ich meinen Schlitten nicht ziehen. Denn hinter unserem Haus liegen die Wiesen und Felder der Bauern. Ich stapfe durch den tiefen Schnee in Richtung eines kleinen Hügels, der ungefähr 800m hinter unserem Haus liegt. Die Böschung reicht aus, um mit dem

Schlitten in Schwung zu kommen. Doch Achtung! Das Ende des Hügels liegt an einem Bach! In den vergangenen Jahren machten viele Kinder aus dem Dorf eine unsanfte Erfahrung, wenn sie mit ihrem Schlitten in den Bach fielen.

All das kann mich nicht in meinem Schwung bremsen. In weniger als 10 Minuten habe ich mein Ziel erreicht. Ich stehe oben auf dem Hügel, bereite meinen Schlitten vor. Ich wickele das Seil, mit dem ich den Schlitten gezogen habe, um den Holz-Sitz. Schaue nochmal die Kufen vom Schlitten an – super, sie glänzen richtig schön. Der Schlitten steht in Start-Position und ich dahinter. Ich fange an zu laufen und schiebe den Schlitten vor mir her und nach weniger als einem Meter lege ich mich mit meinem Bauch darauf. Juch-hu, es klappt. Der Schlitten gewinnt an Fahrt und wir, der Schlitten und ich darauf, rutschen den Hügel hinunter. Ich werde schneller, das Ziel Bach kommt mir immer schneller entgegen. Drei Meter vor dem Bach-Bett ist Handeln angesagt. Ich umfasse beide Kufen-Ende mit meinen Händen, halte sie fest und steuere den Schlitten nach links oder zumindest versuche es. In den ersten Sekunden passiert nichts. Also nehme ich noch meine Füße zu Hilfe, trete gegen die Erde und endlich, der Schlitten wendet nach links. Ich gleite am Bach entlang und lasse den Schlitten auslaufen – bremsen brauche ich nicht mehr, denn er bleibt an einem Maulwurf-Hügel hängen. Wunderbar diese Schlittenfahrt. Nur einmal genügt mir nicht! Ich will diese Freiheit noch einmal erleben. Doch wie so oft, vor jedem Vergnügen, steht die Arbeit – so auch hier. Den Abhang, den ich fix herunter geglitten bin, muss ich samt Schlitten wieder hinauf marschieren. Also los! Oben und etwas aus der Puste angekommen, stelle ich meinen Schlitten wieder in die Start-Position. Die kleine Anstrengung kann einen richtigen Winter-Sportler nicht aus der Fassung bringen – und erneut sause ich nach unten!

Was für ein wunderschöner Weihnachtsbaum!

Weihnachten ist da, das schönste Fest des Jahres nimmt Einzug in Haus und Hof. Und mit dem Fest auch der Weihnachtsbaum. Am letzten Advents-Samstag war es meist so weit. Mein Vater packte sich die Axt ein und ging in den vom Förster frei gegebenen Waldstück mit dem Ziel, die Tanne für das Fest auszusuchen, zu schlagen und heimzubringen. Was für manch einen eine lästige Pflicht ist, war für meinen Vater die Aufgabe schlechthin.

Die Tanne musste gerade gewachsen sein, dichte Nadeln besitzen und noch herrlich duften, wenn möglich. Ein Samstag-Vormittag ging meistens bei der Suche drauf. Stolz, die Tanne gefunden zu haben, wurde diese dann in die Scheune gestellt. Absolut notwendig in den damaligen Zeiten. Wir hatten noch den klassischen Winter zur Weihnachtszeit, mit Schnee und frostigen Temperaturen unter 0 Grad. Die Tanne sollte sich ja langsam an die im Wohnzimmer herrschende Wärme gewöhnen. Also erst einmal in die Scheune damit und am 4. Advent war es soweit.

Meine Mutter holte den Weihnachtsständer vom Dachboden und übergab ihn meinem Vater. In der Scheune wurde die Tanne in dem Ständer befestigt – ein letzter Blick drauf, gab ihm die endgültige Gewissheit. Die Tanne war wunderschön und hatte genau die richtige Größe für unser Wohnzimmer. Während mein Vater draußen arbeitete, hatte meine Mutter bereits das Wohnzimmer umgeräumt. Es musste Platz her für die edle Tanne – es war immer wieder erstaunlich, wie meine Mutter es im kleinen Wohnzimmer und dem kleinen Haus schaffte. Alle Jahre wieder gelang es ihr! Der Ohrensessel wurde neben den Ofen gestellt. Einige Bei-Tische wurden zusammengeschoben, weitere Hindernisse wurden in andere Zimmer gebracht. ACHTUNG! Jetzt kam der große Augenblick – die Tanne schritt an der Hand meines Vaters ins Wohnzimmer. Auf die mit Weihnachtspapier ausgelegte Stelle wurde sie gestellt. Nun durften auch wir Kinder aktiv werden. Kugeln, Kerzenhalter, Lametta und Holzfiguren lagen im Wohnzimmer bereit. Wir nahmen die eine oder andere

Figur in die Hand und schmückten die einzelnen Zweige, Lametta hing wie fein gesponnene Goldfäden hinab. Mehr und mehr wurde aus der einfachen Tanne ein wunderschöner Weihnachtsbaum. Zum guten Schluss die Spitze verzieren – fertig. Das Christkind konnte nun kommen oder der Weihnachtsmann – je nachdem wer gerade Dienst hatte dieses Jahr.

Am 24. Dezember war nicht nur Heilig Abend, sondern auch der Geburtstag meines Vaters. Das hieß, dass fast die gesamte Verwandtschaft am Morgen dieses Tages ihren Weg zu uns fand. Neben den üblichen Geburtstags-Wünschen und Geschenken für meinen Vater musste natürlich auch der Weihnachtsbaum genau begutachtet und beurteilt werden. Keiner war stolzer als mein Vater, wenn das Urteil lautete „Ihr habt aber einen wunderschönen Weihnachtsbaum dieses Jahr. Wo habt ihr diesen denn her?" Die Schultern meines Vaters hoben sich voll Eigenlob, wenn er neben dem Geburtsort der Tanne auch noch sagen durfte, dass er die Tanne höchst persönlich gefunden und geschlagen hatte. Dieses Hochgefühl hielt aber nur diesen Tag an! Denn mit dem 1. Weihnachtstag nachmittags fand neben dem Festessen auch der absolut notwendige Verdauungs-Spaziergang statt. Der Weg führte durch unser Dorf und somit auch in die Häuser unserer Verwandtschaft. Was am Heilig Abend meinem Vater ständig vergewissert wurde, wurde nun auch der Verwandtschaft zuteil. „Ach, ihr habt dieses Jahr rote und silberne Kugeln – wie schön! Das müssen wir uns für das nächste Jahr merken." Im nächsten Haus kam eine andere Farbe zum Vorschein. Wir jedoch blieben uns Jahr für Jahr treu – Gold war die Hausfarbe – jedes Jahr aufs Neue.

Winterzeit = Kaffeezeit

Vor unserer Tür liegt neben dem Gang zur Haustür der Schnee hoch aufgetürmt. Das Ergebnis der vergangenen Tage, an denen wir den Schnee vom Bürgersteig und von unserem Hauseingang befreit haben. Harte Arbeit, die einzige, die in dieser Zeit regelmäßig Anwendung findet. Denn alle anderen Aktivitäten ruhen! Halt! Es gibt etwas, das nicht ruht, das gerade in dieser Zeit zum Leben erwacht.

Jedes Jahr im Januar finden sie statt, die Kaffee-Runden in der Nachbarschaft oder bei Verwandten. Bekannte, Kusinen und Tanten treffen sich auf einen gemütlichen Plausch. Auch meine Mutter gehörte diesem Kreis an. Eines Nachmittags war es soweit. Die beiden Kuchen standen bereit, Brot-Schnittchen mit Käse und Schinken belegt lagen gesondert auf einem Servier-Tablett, der Kaffee blubberte durch die Kaffeemaschine und der Ofen war gut mit Holz versorgt. Gegen 13.30 Uhr kamen sie an, meine Tante, drei Kusinen meines Vaters und eine Frau aus der Nachbarschaft. Doch sie kamen nie allein! Im Gepäck hatte man, neben der üblichen kleinen Aufmerksamkeit, auch etwas anderes, das wichtiger war. Die Handarbeit! Meine Tante war eine Spezialistin im Strümpfe-Stricken. Noch heute sehe ich sie vor mir. Gekonnt hielt sie ihr Werk mit vier Nadeln fest und konnte die Maschen stricken, ohne ständig den Blick darauf zu richten. Eine Kusine brachte eine Tischdecke zum Sticken mit – mit Motiven zu Ostern. Die dritte Kusine strickte mit zwei Nadeln an einem Pullover für ihre Tochter. Die Nachbarin übte sich im Häkeln und fertigte Haus-Schuhe an. Und was tat meine Mutter? Neben der Rolle der Gastgeberin hatte sie sich ebenfalls für das Häkeln entschieden, jedoch ihr Werk sollte eine Decke für die Füße im Winter sein. Die Häkel-Nadel war daher auch etwas größer als die der Nachbarin.

Jedoch etwas war an diesen Nachmittag noch wichtiger. Natürlich! Kaffee trinken, einen Likör gab es auch meist dazu und Kuchen essen, das sowieso. Aber diese Frauen hatten meistens ein Ziel. Den Austausch von Neuigkeiten. Fast alle Themen, die für diese Frauen wichtig waren, kamen zur Sprache. Welcher Bauernhof gut lief und welcher weniger! Welche Frau sich in den Augen dieses Kaffee-Kränzchens in Ungnade begeben hatte! Was man sich zu Weihnachten geschenkt hatte und was die guten Vorsätze für das neue Jahr waren! Welcher Arzt man für welche Krankheiten aufsuchen sollte! Wie man am besten die Blumen über die Winterzeit brachte! Die Liste würde sich noch locker weiterführen lassen. Interessant war zu sehen, wie diese Frauen diese Themen besprachen. Alleine und ohne Zuhörer – wir Kinder mussten uns im Esszimmer unseres Hauses zurückziehen oder in unsere Schlafzimmer. Die Stimmen wurden je nach Thema etwas gesenkt, fast schon geflüstert. Keine Chance für uns an der Tür zu lauschen, was ja auch von unserer Mutter verboten wurde.

Wenn der Tag so langsam zur Neige ging, schauten die Damen fast einhellig auf die Uhr im Wohnzimmer und beschlossen, diese wichtige Runde aufzulösen. Meine Tante, die drei Kusinen und die Nachbarin packten ihre Handarbeit in regensichere Taschen und schlürften den letzten Schluck Kaffee aus den Tassen. Sie gingen in den Flur, tauschten die mitgebrachten Pantoffeln gegen die Winterschuhe und zogen sich ihre Mäntel an. Mit einem Dankeschön für den guten Kuchen (auch dies war eine Tradition) verabschiedeten sich die Damen zur gleichen Zeit und traten ihren Heimweg an. Die Abschiedsworte „Dann bis nächstes Mal" bedeuteten nur eins. Nächste Woche würde erneut ein Treffen bei einer dieser Damen stattfinden. Schon so bald? Konnte man in dieser Zeit so viele neue Themen zusammentragen, dass es für einen Nachmittag reichte. Doch man konnte – fragen Sie die Damen mal!

Bis das erste Lichtlein brennt …

Eher bekannt ist wohl das Zitat „Wenn das erste Lichtlein brennt …“ , aber bis zu diesem Ereignis ist noch einiges zu tun. Spannung hält uns in Atem und unsere Arbeiten auch. In unserer Küche und unserem Ess-Zimmer herrscht das Chaos. Silber- und Gold-Papier-Rollen liegen am Rande des Tisches. Schere und Messer blinken uns entgegen. Bleistift, Zirkel, weißes Papier, eine Tasse steht seitwärts, Klebstoff sowieso – doch wozu das alles? Die Advents-Bastelei ist eröffnet. Ich sitze mit meinem Bruder an unserem Esstisch. Hochkonzentriert schneiden wir Quadrate oder runde Kreise aus dem Papier – beim Übereinanderlegen der Stücke stellen wir schnell fest, welche Teile zusammenpassen.

Puh, den ersten Schritt haben wir geschafft.

Während mein Bruder die einfachen Sterne für seine Bastel-Aktion bevorzugt, möchte ich lieber einen Kugelstern fertigen. Doch welche Größe soll der Stern haben – eher fürs Fenster oder für den Weihnachtsbaum? Ich schaue mich ein wenig um, allzu viel Glanzpapier haben wir auch nicht, also soll es eben ein Stern für den Weihnachtsbaum werden.

Ich male, schneide, rolle mit Hilfe des Bleistifts das Papier zu Sternspitzen und klebe ein kleines Stück Papier in die Mitte, damit alles schön hält. Nach und nach habe ich vor mir zehn fertige Sternteile liegen. Die einen sind in herrlichem Gold, die anderen leuchten in einem satten Grün. Abwechselnd lege ich je ein Sternenblatt von einer Farbe übereinander. Auch das ist nun geschafft. Doch wie soll ich dies alles zu einem Kugelstern formen, ohne die einzelnen Blätter loszulassen. Ich schaue mich um, was oder wer könnte mir helfen. Ich überlege, meine Fläche in der Mitte dürfte groß genug sein. Groß genug für was? Für die Tasse, die bis jetzt unbenutzt an der Tischkante steht. Ich glaube, das dürfte die Lösung sein. Ich nehme sie und stelle sie in die Mitte meines Sternen-Stapels – doch bevor ich loslasse, vergewissere ich mich noch, ob alle Spitzen heil sind. Sie sind es. Jetzt schnell die Nadel mit dem Bindfaden vorbereiten und den Faden unten verknoten. Ein kurzes Ziehen gibt mir die Bestätigung.

Das dürfte gehen. Vorsichtig, ja fast schon zaghaft nehme ich die Tasse vom Sternen-Stapel und greife mit meiner anderen Hand zu. Super! Nichts ist passiert! Ein Stern nach dem anderen wird mit der Nadel regelrecht durchlöchert und bleibt unten am Knoten hängen. Als alle zehn Sterne übereinanderliegen, wird das ganze wiederholt – nun von der anderen Seite her angefangen. Bin ich wieder am Anfang, knote ich meinen Faden ganz fest und ziehe vorsichtig daran. Wie von Geisterhand gesteuert, wird aus meinem Sternen-Stapel nun ein wunderschöner Kugelstern! Hurra, ich habe es geschafft. Mit unübersehbarem Stolz und mit meinem Stern in der Hand laufe ich zu meiner Mutter: „Schau, ich habe es geschafft – ist das nicht ein wunderschöner Weihnachtstern für unseren Weihnachtsbaum.“ Das Lob meiner Mutter nehme ich mit und hoffe, das Gleiche von meinem Vater zu hören. Er schaut sich den Stern an und meint.“ Ganz schön, aber einer ist doch zu wenig. Kannst du noch einen, vielleicht in rot-silber basteln.“ – „Moment, muss ich nachschauen“, lautet meine rasche Antwort. Ich muss ja sicher sein, dass genügend Papier da ist, bevor ich ja sage – es ist! So fertige ich an diesem Nachmittag nicht nur einen Kugelstern in Gold-Grün, sondern auch in Silber-Rot! Meine Freude wird noch größer als beide Sterne an Weihnachten am Weihnachtsbaum hängen. Fast jeder Besucher, der den Baum eingehend betrachtet, lobt die Kugelsterne, meine Sterne. So viel Aufmerksamkeit für meine geleistete Bastelarbeit ist schöner als jedes Geschenk, finden Sie nicht auch!

Achtung: Feieralarm!

Lustig sein, beim Stell-dich-ein, links und rechts vom Rhein –
Die Frau erhält die Macht – am Tag der Weiberfassenacht!
Lustig geht es rund zu früher Stund –
Eh‘ der Sekt oder Kölsch wird geführt zum Mund!
Bützchen links und rechts wird manch‘ Männerherz erwärmen,
auch wenn sie sich zunächst nur härmen!
Sorgen finden keinen Platz im Karneval – Fröhlichkeit ist angesagt, ach wie banal.
Besonders der Tag, der den Frauen gehört –
der Weiberkarneval – stets am Donnerstag vor dem Rosenmontag steht.
Frauen verkleidet als Waschfrau oder Küchenfee,
stürmen ihren Arbeitsplatz in Stadt und Land, oh weh!
Bestückt mit einer Schere ist die Jagd eröffnet,
auf der Suche nach ihren männlichen Kollegen, wie vortrefflich.
Die Männer, korrekt mit einer Krawatte bestückt,
sind oft von den Damen mehr als entzückt.
Denn für jeden Schlips, der den Weibern zum Opfer fällt,
der Mann ein Küsschen zur Belohnung erhält.
Von einem Bützchen spricht man im Kölner Raum, ein Jecke Traum.
Unabhängig von Sprach‘ und Land,
sind diese Dankesbeweise schon bekannt.
Von einem Opfer, das die Männer geben, zu sprechen, wäre nicht richtig,
ist es ja meistens nicht, Argumente dafür sind nichtig!
Denn mancher Mann sich für clever hält,
wenn er ein hässliches oder altes Stück an diesem Tage trägt.
So kann man(n) sich leicht von unliebsamen Geschenken trennen,
für deren Verbleib er nicht einmal hat einen Grund zu nennen.
Manch einer extra sich nach Köln an diesen Tagen schwingt,
um dabei zu erleben, wie man scherzt und trinkt.

Tradition hat am Weiberdonnerstag den höchsten Rang,
so manch einer ein Liedchen darüber sang.
Schnipp, schnapp, der Schlips ist ab. Hängt offen an Tür und Wand zur Schau,
was erbeutet hat heut‘ die tüchtige Frau.
Trophäen sammeln, ach wie lustig! Denn wer die meisten hat bekommen,
ist Siegerin des Tages, ganz unvoreingenommen.
Um 11.11 an diesem Tage der Startschuss fällt - der Straßenkarneval ist präsent,
die Jecken wollen an die Macht und somit jeder Jeck ins Rathaus rennt.
Der Bürgermeister muss aufgeben all sein Tun,
denn von nun an hat Prinz und Prinzessin, in Köln das Dreigestirn zu tun.
Fröhlich grüßen die Hoheiten vom Balkon,
auf ihr Volk, das ihnen hinauf jubelt zu ihrem Thron.
An Arbeit von nun an keiner denkt, nicht ehe bis der Aschermittwoch fällt.
Jecken tanzen durch die Straßen, die bunten,
Arm in Arm so manche Runden.
Kneipen, Säle und auch manches Haus
sind gefüllt mit Mann und Maus,
Gut bedient und leicht getragen,
geht es weiter an den Karnevalstagen.
Für den echten Jeck vergeht der Karneval viel zu flott,
muss er nach Aschermittwoch wieder in den Alltagstrott.
Doch bis dahin ist es einige Stunden weit,
die verbringen kann man allein oder zu zweit.
Seid gegrüßt ihr lieben Jecken und das vereint, mit Allaf in Köln und Helau in Mainz.

Glühwein pur, doch nicht nur!

Was erfreut Jung‘ und Alt – in Stadt und Land, beinahe fast überall,
ruft er mit Gerüchen und Genüssen, wie mit Überschall.
Niemand kann sich gegen ihn verwehren,
der Markt, wonach sich manch einer fast ein Jahr muss verzehren.
Noch vor dem ersten Lichtlein er sich eröffnet nennen darf,
der Weihnachtsmarkt mit so manchem zusätzlichen Bedarf.
Was er nicht alles bietet und serviert,
von gut eingepackten Menschen fröhlich präsentiert.
Was sehe ich vor mir – Weihnachtsschmuck – die Klassiker sind Pflicht
Waren dies früher Gold und Silber, manch andere Farbe dies nun bricht.
Nun befinden sich auch blau, lila, weiß und rot darunter,
manch einer bei der Farbenpracht am späten Abend wird noch munter.
Denn, auch wenn die Märkte öffnen um 10.00 Uhr morgens mit Getöse,
bringt der Abend mit Kerzenlicht bei Dunkelheit die wahre Größe,
und den Genuss, der darf dabei nicht fehlen:
An einem Stand der Schwenkgrill mit Wurst und Steak ruft zum Verbleib,
beim Gegenüber Fisch und Fritten füllen Mensch und deren Laib.
Manch einer den Rievekuche zur großen Delikatesse kürt,
und damit Freund und Frau zum richtigen Feinschmecker verführt.
Ist der Hauptgang schon fast vergessen,
sieht man die Nachspeise locken mit anderen Raffinessen.
Es werden gebacken die Waffeln mit Schlagsahne und Kirschen pur,
beim französischen Nachbarn die Alternative Crêpes bereichert die Natur.
Ein Kaffee darf natürlich ebenfalls nicht fehlen, mal mit Schuss, mal mit Rum,
heißt es für die Kinder heiße Schokolade klassisch original und ohne drum.
Das Vergnügen sich nicht nur auf dem Magen beschränken soll
Für die Kinder gibt es Karussell und den Weihnachtsmann, wie toll.

Dieser den ganz Kleinen eine Weihnachtsgeschichte froh erzählt,
wer dabei brav bleibt, mal ein Geschenk aus dem Sack erwählt.
Erwachsene haben eine andere Leidenschaft für sich entdeckt,
die rot und heiß selbst bei strengster Kälte Lebensgeister weckt.
Auf dem Markt er sorgt für gesellige Runden,
die ohne ihn nicht dauern würden so manche Stunden.
Nach manchen Gläsern oder Tassen,
einer den Weg heimwärts kann nicht fassen.
Benötigt er oder sie mal Hilfe oder Unterstützung pur,
so manches Taxi sich anbietet als Chauffeur.
Dieser Markt auch bietet allen Hobby-Kreativen ihre Zeit,
sich auf ihm vorstellen, was ihr Talent hält bereit.
Die schönste Tischdecke den Besitzer wechselt mit Lob und Worten,
Adventskränze, Teller, Plätzchen-Tütchen folgen, doch keine Torten.
Die gehören selten in diese Zeit und in das Revier,
es soll doch blieben weihnachtlich, jetzt und hier.
Alle Weihnachtsmärkte schaffen eines bei allen, groß und klein,
die Wartezeit auf das große Fest vergeht schneller, so soll es auch sein.
Denn kurz vor Weihnachten schließt er fröhlich seine Pforten,
damit alle kommen zur Ruhe und zu ihren Familien in ihren Orten.
Einzig der Weihnachtsbaum erstrahlt mit unverwechselbarer Größe,
erzählt er von den Stunden, den schönen, dagewesenen.

Mädchentraum – einmal im Leben Prinzessin sein

Fast jede Frau sich erinnern kann auch heute, wie vor vielen Jahren,
als es darum ging, wurde sie gefragt „Was willst du zur Fassenacht (auf Kölsch Vasteloovend) tragen?“
Das Mädchen mit großen Augen sich umdreht im Raum,
sich dabei erinnert an das Märchen „Dornröschen“ – ein wahrhafter Traum.
Wie in diesem Stück die Prinzessin schläft so viele Jahre,
bis ein edler Prinz es befreit, vom Dorn, Schlaf und manch anderem Gefahre.
Doch genug von der Geschichte – ist sie auch noch so romantisch toll,
geht es doch um die Figur, was das Mädchen sein möchte, im Karneval.
„Ich würde dieses Jahr gerne als Prinzessin gehen,
mit langem, weißem Kleid und goldenem Diadem.“
Kaum hat das Mädchen seinen Wunsch ausgesprochen, laut und bestimmt,
für die Mutter die Frage und die Sorge nach dem Erfüllen sie einnimmt.
Wird es auch ihren Tagesrhythmus nicht komplett beeinflussen, das ist richtig,
dennoch muss sie schnell handeln, denn das ist wichtig!
Die Zeit vergeht schneller als sie will,
sucht sie in ihren Büchern nach der Figur mit dem richtigen Stil.
Was am leichtesten zu erfüllen ist, ist die Krone,
entweder gekauft oder gebastelt aus Pappe mit Gold aus Folie.
Das lange Kleid ganz in weiß, scheint irgendwie schon schwerer,
hat Mutter keine entsprechende Reserve, braucht sie Stoff und Schere.
In Abendstunden wird geschnitten, genäht und anprobiert,
bis das Kleid nun die richtige Größe für das Mädchen ziert.

Mit goldenem Pantoffel und goldener Schleife das Kleid ergänzen,
so kann das Mädchen auf dem Kinderkarneval glänzen.

Da der Karneval stets in den Winter mit Kälte fällt,
das Mädchen zum Kleid noch einen Pur-Pur Umhang trägt.
Mit allem ausgerüstet und staffiert,
die Prinzessin sich würdevoll auf dem Kinderkarneval präsentiert.
Die anderen Kinder und Figuren folgen ihr mit leuchtenden Blicken,
wie sie schreitet und das voll Würde und Entzücken.
Was die Mädchen sich wünschen zum Karneval mit Romantik pur,
ist für die Jungen eine andere Welt, eher eine klassische Berufe-Tour.
Beispielsweise Polizist, Pilot, Feuerwehrmann, Indianer usw. stehen auf ihrer Liste,
dies zu erfüllen, ist für die Mutter eine ganz andere, aber leichtere Piste.
Dem Jungen ist mit Alltagskleidung zu erfüllen dieser Wunsch ganz schnell,
braucht er für seinen Traum nur die Requisiten, aus Plastik, Pappe wie er will.
Alle Kinder vergnügen sich beim Kinderkarneval auch mit Speis und Trank,
Kakao, Limonade, andere Leckereien und Kuchen, den Müttern sei Dank.
Gleichwohl bei manchem Mädchen und manchem Jungen fällt ein:
„Ach, könnt' ich doch immer so bleiben, Helau, Allaf, ihr Jecken am Rhein."

Leise rieselt der Schnee!

Es ist eines meiner Lieblingslieder in der Advents-Zeit. Heute noch, auch wenn der Schnee selten in der Vorweihnachtszeit sein Stell-dich-ein gibt! Zumal ich mit dieser Melodie eine nette Erinnerung verbinde. Denn waren erst der trübe November und der letzte Sonntag dieses Monats gut überstanden, freuten wir uns. Schon die Tage vor dem ersten Advent waren lebhafter. Mit unserer Mutter gingen wir auf dem Dachboden auf die Suche. Denn dort lagerten sie – all die Dinge, die wir für ein weihnachtliches Heim benötigten. Mit jedem Teil wurden wir weihnachtlicher. Der Adventskranz wurde abgestaubt und mit neuen Kerzen bestückt. Die Weihnachts-Tischdecken in rot und grün waren die Unterlagen für die kommenden Wochen. Die Krippe, handgebastelt von einem Verwandten meiner Mutter, fand ihren Platz auf einem kleinen Tisch neben dem Lieblingssessel meines Vaters. Wir Kinder durften die Krippenfiguren vorsichtig aus dem Papier wickeln, und mit Ochs und Esel entsprechend dekorieren. Ich erinnere mich noch gut, dass ich oft die Krippe mit dem Jesus-Kind in die Hand nahm. Es manchmal mehr nach links oder rechts stellte. Unter den Weihnachtstern, der über dem Stall thronte. Für die Süßmäulchen in der Familie hatte meine Mutter einen Plätzchen-Teller hergerichtet, so dass sich jeder nach Lust und Hunger bedienen konnte. Doch was mich mehr und mehr in den Bann zog, war etwas ganz anderes. Eine rote Spieluhr, mit Engeln im Kreis um eine Kerze platziert, die Trompete oder Harfe spielten. War das Spielwerk aufgezogen, erklang die Melodie von „Leise rieselt der Schnee“. Am Anfang schneller, wurde sie von Mal zu Mal langsamer, ehe sie nach ca. 2 Minuten ganz verstummte. Ich saß oft vor der Spieluhr und betrachtete mit Entzücken die Figuren, die im Laufe ihrer Lebenszeit mehrmals neu angeklebt wurden. Manch ein Engel stand nicht mehr gerade, was meiner Begeisterung für diese Herrlichkeit jedoch nicht schmälerte. Ich sang oft mit – war es doch ein Text, den jeder kannte. Sie doch auch? Wie war er doch gleich:

Leise rieselt der Schnee,
Still und starr liegt der See.
Weihnachtlich glänzet der Wald:
Freue dich, Christkind kommt bald.

In den Herzen ist's warm,
Still schweigt Kummer und Harm,
Sorge des Lebens verhallt:
Freue dich, Christkind kommt bald.

Bald ist heilige Nacht,
Chor der Engel erwacht;
Horch' nur, wie lieblich es schallt:
Freue dich, Christkind kommt bald!

Ja, die Sorge des Alltags verstummte, sobald ich diese Melodie hörte. So eine Spieluhr war eine kleine Sensation in unseren Kindertagen, in unserem Dorf. Kam mal eine Freundin von mir zu Besuch, wollte auch sie hören, welche Melodie dieses kleine Wunderwerk von sich gab. Rieselte dann der Schnee vom grauen Himmel, war die Stimmung beinahe perfekt. Und heute, in Zeiten moderner Technik, kann eine Spieluhr die Hektik ein wenig mildern. Ich besitze eine Spieluhr, nicht die gleiche von damals. Doch sie bringt mir mit ihrer Melodie ein Stück meiner Kindheit zurück. Vor meinen Augen erscheint das Bild, von mir als Kind, das mit Entzücken der Spieluhr lauscht. Die Ruhe kehrt ein und ich fühle mich wie 10 Jahre alt, auch wenn ich heute das Fünffache von dieser Zahl zähle.